经济管理学术文库·管理类

民用工业敏捷动员体系及流程研究

Research on the System and the Process of Civil Industry Agile Mobilization

孔慧珍 / 著

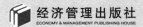

经济管理出版社
ECONOMY & MANAGEMENT PUBLISHING HOUSE

图书在版编目（CIP）数据

民用工业敏捷动员体系及流程研究／孔慧珍著．—北京：经济管理出版社，2020.6
ISBN 978-7-5096-7272-3

Ⅰ.①民…　Ⅱ.①孔…　Ⅲ.①民用工业—工业发展—研究—中国　Ⅳ.①F426

中国版本图书馆 CIP 数据核字（2020）第 133960 号

组稿编辑：杨　雪
责任编辑：杨　雪　王莉莉
责任印制：黄章平
责任校对：王淑卿

出版发行：经济管理出版社
　　　　　（北京市海淀区北蜂窝 8 号中雅大厦 A 座 11 层　100038）
网　　址：www.E-mp.com.cn
电　　话：（010）51915602
印　　刷：北京晨旭印刷厂
经　　销：新华书店
开　　本：720mm×1000mm /16
印　　张：12.5
字　　数：238 千字
版　　次：2020 年 7 月第 1 版　　2020 年 7 月第 1 次印刷
书　　号：ISBN 978-7-5096-7272-3
定　　价：56.00 元

·版权所有　翻印必究·

凡购本社图书，如有印装错误，由本社读者服务部负责调换。

联系地址：北京阜外月坛北小街 2 号

电话：（010）68022974　　邮编：100836

前　言

　　20 世纪 90 年代以来相继发生的海湾战争、科索沃战争、阿富汗战争和伊拉克战争表明，高技术条件下的现代战争，战争消耗极为庞大，巨大的战争消耗没有基础雄厚的民用工业支撑是无法承受的。恐怖主义、环境污染、资源危机、金融风险、生态恶化、事故灾难等非传统安全威胁不断上升，逐渐成为影响世界各国乃至全球安全的新挑战。我国面临着日趋复杂的战略安全环境，陆上邻国共14 个，海上邻国有 6 个，6 个公开拥核国家中 2 个与我国相邻。随着国际政治、经济和安全格局日益复杂多变，为提高动员效率，提高应对各种安全威胁的保障能力，发达国家均把民用工业动员体系作为国防动员体系的重要组成部分，高度重视民用工业动员体系建设，对民用工业动员的敏捷性要求也不断提高。在此背景下，研究民用工业敏捷动员体系和动员流程就显得十分必要。

　　基于以上研究背景，本书展开以下方面的研究：第 1 章主要包括课题的研究背景和意义、研究综述、研究思路与分析框架等。第 2 章重点从民用工业敏捷动员体系及其特征、民用工业敏捷动员体系建设的目标要求和影响因子等方面阐述民用工业敏捷动员体系建设的基本理论。第 3 章从系统论的角度构建民用工业敏捷动员体系的理论结构模型，探讨了民用工业敏捷动员体系运行机理，以此为基础，分析我国民用工业动员体系的结构和运行，以期发现问题，为我国民用工业动员体系的优化提供参考。第 4 章对民用工业敏捷动员体系的动员流程进行分析和建模。第 5 章是实证分析，通过案例分析，为民用工业敏捷动员体系建设和流程优化提供参考。第 6 章是结论与展望。总结本书的研究成果和结论、创新点以及局限性，提出今后的研究方向。

　　本书有以下创新之处：

　　第一，界定了民用工业敏捷动员、民用工业敏捷动员体系和民用工业敏捷动员体系敏捷性等概念，认为敏捷性是民用工业敏捷动员体系的基本特征，动员响应的快速性、动员任务的适应性、动员强度的适量性、动员成本的最小化和动员结果的可靠满意等是民用工业敏捷动员体系的重要特征；快速实现平战转换、满足多样化动员需求、适应不同强度动员需求以及降低对经济系统的扰动是民用工业敏捷动员体系的建设目标；动员需求、动员对象、安全战略、制度环境以及技术水平等是影响民用工业敏捷动员体系建设的主要因子。

第二，提出了民用工业敏捷动员体系的构成要素以及要素的组织方式，构建了民用工业敏捷动员体系的结构模型以及民用工业敏捷动员体系运行的层次驱动模型，提出了动员准备阶段的"三级协同共目标"运行机理、动员实施阶段的"三层五环节一目标"运行机理、复员阶段的"三层五环节一目标"运行机理。

第三，提出了动员准备、动员实施和动员复员三个阶段民用工业敏捷动员体系的动员流程，以动员实施流程为重点构建了民用工业敏捷动员体系动员实施流程的 Petri 网模型。

第四，借助民用工业敏捷动员体系动员实施流程的 Petri 网模型，分析了河北省"7·21"洪涝灾害救援流程和灾后重建流程，发现实际救援和灾后重建过程中存在诸如所有动员活动都是顺序执行的、各县获得和上报灾情信息不同步、灾后重建流程不尽合理等问题，并提出实现各地对灾情信息同步上报；并行执行河北省防汛抗旱指挥部向省委、省政府和国家防汛抗旱总指挥部上报灾情的两项活动；并行执行组建动员联盟管理层、动员联盟执行层、分解救援任务以及确定抗洪抢险动员任务优先级四项活动；紧密衔接灾后恢复重建工作和抗洪抢险工作；在抗洪抢险的同时做好灾情统计和灾害损失评估工作等建议，以提高抗洪抢险和灾后重建的效率。

第五，对河北省"7·21"抗洪抢险和灾后重建流程的 Petri 网模型进行了优化和性能分析，通过库所的繁忙率计算和分析，发现抗洪抢险动员任务信息、抗洪抢险指示信息以及各单位完成抗洪抢险动员任务的信息对于流程的执行至关重要，在实际的抗洪抢险过程中应重点关注这些业务单元。通过变迁利用效率的分析和计算，发现并及时启动相关动员预案，科学下达抗洪抢险动员任务，根据事件的特点执行抗洪抢险动员任务，对抗洪抢险工作进行总结、完成相关资料归档等活动对完成本次救援动员任务、提升救援动员效率具有重要现实意义。

本书在写作过程中，得到北京理工大学孔昭君教授的悉心指导，并且得到北京理工大学国民经济动员中心有关老师和同学的热心帮助，还得到河北科技大学经济管理学院和科学与技术发展研究院有关领导、老师的帮助、支持和鼓励，同时，经济管理出版社的编辑为本书的出版付出了辛勤劳动，在此一并表示感谢。

由于作者水平有限，书中可能存在不妥与疏漏之处，诚盼同行专家指导，敬请广大读者不吝指正。

孔慧珍

2019 年 12 月

目 录

第1章 绪 论

1.1 研究背景和意义

1.1.1 研究背景

第一，现代战争日益高技术化。20 世纪 90 年代以来相继发生的海湾战争、科索沃战争、阿富汗战争和伊拉克战争表明，高技术条件下的现代战争，消耗极为庞大，巨大的战争消耗没有基础雄厚的民用工业支撑是无法承受的。高技术条件下的现代战争，大量运用尖端武器装备，作战方式深刻变化，战争需求瞬息万变，要想取得战争主导权，必须以高度敏捷的民用工业动员为前提；高技术条件下的现代战争，是体系对体系的较量，战争胜负不仅取决于作战系统的对抗能力，而且取决于民用工业动员体系的整体支撑能力。

第二，非传统安全威胁不断上升。当前，非传统安全威胁，如恐怖主义、环境污染、资源危机、金融风险、生态恶化、事故灾难等逐渐成为影响世界各国乃至全球安全的新挑战。尽管相对于应对传统安全威胁，应对非传统安全威胁在三个基本特性上基本相似，即运用国家力量的资源基础相似、维护国家利益的根本性质相似、消除国家安全威胁的基本目标相似，它同样依赖强大的民用工业动员能力作为基本保障。但同时，这种新的安全问题也对民用工业动员带来了许多新挑战，其突发性特征要求必须高度重视动员的前置性和预储性，既能保证应急需要，又能保障后续需求；其广泛性特征要求动员体系必须做到广覆盖，确保任何地方发生安全事件都能提供充分的物质和技术保障；其多样性特征要求动员体系必须是宽领域的，要能够应对各领域可能发生的安全威胁；其动态性特征要求动员体系必须有较高的敏捷性，能够根据威胁的规模和强度合理确定并灵活调整动员规模。这就要求民用工业动员体系必须适应新变化、迎接新挑战，确保国家应对各种安全威胁的需要。

第三，我国面临的战略安全环境日趋复杂。地缘政治学家麦金德曾说过，一个国家邻国越多其周边的战略环境就越复杂。我国有 960 万平方公里的陆地疆域，陆上国界线长达 20000 多公里，东部和南部大陆海岸线长 18400 多公里，岛屿岸线 14000 多公里，内海和边海的水域面积约 470 多万平方公里①。陆上邻国共 14 个，分别是朝鲜、俄罗斯、蒙古、哈萨克斯坦、吉尔吉斯斯坦、塔吉克斯坦、阿富汗、巴基斯坦、印度、不丹、尼泊尔、缅甸、老挝和越南。海上领国有 6 个，分别是日本、菲律宾、韩国、马来西亚、印度尼西亚和文莱②，6 个公开拥核国家中 2 个与我国相邻。周边各国发展水平各异，多种文化、宗教汇聚，不仅有社会主义制度、民主共和制度、君主立宪制度，甚至有宗教神权制度，同时又是佛教、基督教、伊斯兰教及儒家思想的聚集地。差异巨大的文化、宗教和社会制度相聚于此，使我国周边战略环境极具复杂性。近年来，随着世界政治、经济和军事格局的深刻变化，我国面临的战略安全环境进一步复杂化。外有西方国家的围堵遏制，内有尚未解决的台湾问题和藏独等恐怖势力。远有美国"亚洲再平衡"的政治、经济、军事压制，近有朝鲜半岛核问题、钓鱼岛问题、南海问题的牵制。日益复杂化的战略安全环境，要求我们必须加快完善包括民用工业动员体系在内的国防动员体系，确保国家有效应对随时可能发生的传统和非传统安全威胁。

第四，民用工业动员体系建设普遍受到各国重视。目前，国际上虽未单独而明确地提出民用工业动员体系的概念，但随着国际政治、经济和安全格局的日益复杂多变，为提高动员效率，提高应对各种安全威胁的保障能力，发达国家均把民用工业动员体系作为国防动员体系的重要组成部分，高度重视民用工业动员体系建设。一是为保证动员效率，发达国家均把民用工业部门纳入动员领导体制，形成了以立法为基础，以国家首脑为决策核心，由国家安全机构、军事首脑和政府部门组成的，责任明确、协调联动、快速高效的动员领导体制③④；二是根据形势的变化和需要，将民用工业动员纳入法制轨道⑤⑥，使动员准备和动员工作有法可依、有章可循；三是世界各国均高度重视动员计划体系建设，并将民用工业动员计划作为动员计划体系的重要支撑之一⑦；四是将平战结合、寓军于民作

①　360 百科. 中华人民共和国 ［EB/OL］. ［2019 - 12 - 26］. https：//baike. so. com/doc/23635518 - 24188839. html#refff_23635518 - 24188839 - 3.

②　国际在线. 世界上邻国最多的国家是中国　有 20 个邻国 ［EB/OL］. （2013 - 05 - 14）［2019 - 12 - 26］. http：//fj. sohu. com/20130514/n375865702. shtml.

③　武志希. 国防动员概论 ［M］. 长春：吉林人民出版社，2001.

④　安伟时. 美国武器装备动员机制浅议 ［J］. 国防技术基础，2005（2）：11 - 12.

⑤⑦　李毛毛. 国防科技工业动员基础建设对策研究 ［D］. 北京理工大学硕士学位论文，2011.

⑥　李大光. 日本的战争动员能力 ［EB/OL］. （2008 - 05 - 11）［2014 - 03 - 25］. http：//wenku. baidu. com/link？url = ItmV6OM - bfE7oyWnrYQvjP8ZbWoXObbQ4j5X48EWd - 9fzZ9a0GhAGA3t8cRSxWt6rcW2XvuJ9 WGfdYBaMepoXR2MsGVzm8LzvAHRvpZ8LNW.

为加强动员体系建设的有效途径①。正是由于高度重视民用工业动员体系建设，发达国家已建立起柔性越来越可控、应变速度越来越快、潜力发挥越来越充分、动员保障越来越有力的民用工业动员体系。

第五，对民用工业动员的敏捷性要求不断提高。近年来，随着信息技术和现代工业制造模式的发展，民用工业动员呈现出三大趋势：一是动员手段信息化，动员效率进一步提高。在近年的几场战争中，美国已经能够通过动态可视后勤装备管理系统，实时了解前方物资消耗情况，从而极大地提高了动员效率。二是动员组织动态化，动员灵活性进一步提高。海湾战争后，美国等发达国家借助网络技术，已逐步建立起以核心企业为骨干的动态联盟型工业动员体系，能够做到战时根据动员需求，及时地进行资源随机重组。三是反应更加敏捷、动员时间前移。早在伊拉克战争开战前，美国国防部就要求防务承包商加速生产相关武器装备和零部件，从而在开战前聚集了足够的战争能量，而在战争打响后只需要小部分企业进行维持性生产②。

战争形态的高技术化、安全威胁的多样化、安全环境的复杂化等因素均对我国民用工业动员体系建设提出了严峻挑战，认清新形势下民用工业动员的新趋势及对民用工业动员体系建设的新要求，与时俱进构建我国适应新形势的民用工业敏捷动员体系是当务之急。

1.1.2　问题的提出

民用工业动员作为我国国民经济动员的重要组成部分，诞生于战争年代，且受苏联模式和国内经济体制影响，长期以服务战争需要为主。直到 2003 年，因为国民经济动员体系积极参与抗击"非典"活动，包括民用工业动员在内的国民经济动员的应急功能才得到广泛认同，民用工业动员体系建设逐步受到重视，民用工业动员的功能有所加强，动员保障方式也有所创新和发展。

但直到目前，理论上对于如何建立适应新形势新挑战、能够有效发挥应战应急双重功能、反应敏捷的民用工业动员体系的相关研究尚处于起步阶段，许多理论问题尚不清楚，特别是民用工业敏捷动员体系的内涵是什么？民用工业敏捷动员体系具有何种不同于传统民用工业动员体系的本质特征？构建民用工业敏捷动员体系的目标是什么？它受哪些内外因素的影响？理想的民用工业敏捷动员体系应该由哪些要素构成？其基本框架如何？这个体系具有什么样的功能？可以发挥

---

①　刘建军. 工业动员概论 [M]. 长春：吉林人民出版社，2001.

②　符和林，贾海涛. 美国工业动员主要特点 [N]. 中国国防报，2011-07-28（B3）.

什么作用？民用工业敏捷动员体系的驱动机理是什么？如何通过优化动员流程提高其敏捷性？这些问题亟待深入研究。

同时，经过改革开放40多年的快速发展，我国钢铁、水泥、造船、化纤、平板玻璃、工程机械、汽车、彩电、手机、集成电路等众多工业品产量已雄踞世界第一，是世界服装、鞋类、空调、摩托车、机床、五金工具等商品的第一大出口国，已成为名副其实的"世界工厂"。但从近年来应对汶川地震等突发重大自然灾害的动员保障实践看，我国民用工业动员能力还很有限，尚不能在重大危机事件发生后应对自如，民用工业动员体系在体系完整性、动员主体与客体对接、动员流程的合理性、信息系统建设、法律制度等方面还存在诸多问题和不足，这不仅影响动员效率，而且容易造成社会资源的浪费，导致这些问题的原因有以下几点：

一是尚未建立动员主体与动员客体之间的有效运行机制，导致巨大的生产能力难以快速转化为有效的动员保障能力。据统计，2008年，我国帐篷生产能力平均每个月超过250万顶，但是，汶川发生地震时，灾区急需的90万顶帐篷却需要民政部用一个月的时间在全国范围内紧急筹集①；我国是液压剪、铁锤、铁锹、液压张力钳等五金工具出口大国，但在汶川地震灾害发生后，工信部在筹集救灾工具时，不得不向社会公开筹集5000把铁锹、1万个铁锤②。动员需求与制造能力之间的强大反差，说明我国民用工业动员体系存在严重缺陷，动员主体与动员客体之间尚未实现有效对接。

二是尚未建立与信息化趋势相适应的动员指挥协调和保障体系，导致难以实现精确动员。同样以汶川地震为例，灾情发生后，由于救灾物资供求信息不畅造成救灾物资供求脱节。一方面一些地方的医用注射器、注射液、方便面、矿泉水等物资积压严重甚至浪费，部分物资甚至出现结构性"过剩"与短缺并存的现象③。直到2012年3月，仅四川省北川县擂鼓镇的红枫敬老院仍存放有2007年2月和2008年12月生产的棉衣431箱、棉被498箱、鞋子125箱、床上用品45箱和热水袋53箱④。另一方面部分非抗震抢险救治急需物资运抵灾区造成大量闲置和浪费。如运送到陕西省宝鸡市和四川省彭州市及北川县的17350件空间小且不适用的旅行用帐篷遭到闲置积压；运送到甘肃省的"锁阳固精丸"等保健品至今闲置未用⑤。动员

① 汶川地震：总书记湖州督战全国帐篷总动员［EB/OL］.（2008-05-23）［2014-08-25］. http：//www.texleader.com.cn/article/3411.html.

② 安伟时. 浅析信息化时代我国工业动员［N］. 中国国防报，2011-07-28（B3）.

③⑤ 审计署关于汶川地震抗震救灾资金物资审计情况公告（第2号）［EB/OL］.（2008-06-25）［2014-08-25］. http：//www.sc.xinhuanet.com/content/2008-06/25/content_13634369.htm.

④ 汶川地震救灾物资4年未开包：当地承认存在疏忽［EB/OL］.（2012-03-27）［2014-08-25］. http：//news.sina.com.cn/c/2012-03-27/224124183173.shtml.

供给与动员需求之间的严重不对称，说明我们尚缺乏与信息化相适应的动员指挥协调和保障体系。

三是尚未建立针对应急物资生产、采购、管理、使用的法律制度体系，导致在应对重特大灾害等危机事件中秩序混乱、效率低下。2008 年，汶川地震发生一周后的 5 月 20 日，中纪委、监察部、民政部、财政部、审计署联合下发了《关于加强对抗震救灾资金物资监管的通知》；两周后的 5 月 29 日，财政部发出了《关于加强汶川地震救灾采购管理的紧急通知》；三周后的 6 月 2 日，财政部、住建部提出《地震灾区过渡安置房建设资金管理办法》，对抗震救灾款物的管理和使用做了一些规定，不仅有助于顺利开展抗震救灾工作，同时还有效保证了灾区群众在衣、食、住、医等方面的基本需要，但在随后的审计中依然存在管理不规范、政策不完善、执行不到位等问题。2010 年 7 月，国务院颁布了《自然灾害救助条例》；2012 年 3 月，民政部、财政部联合发布了新修订的《中央救灾物资储备管理办法》，但至今没有针对应急物资生产者——企业在应急保障过程中的责任义务、启动和实施流程等方面的法律规定。

四是对动员体系及动员流程的研究并不多见。当前，对国民经济动员的研究主要集中在动员物流中心选择、物资动员决策、动员应急储备、可动员资源、动员潜力、动员仿真演练等方面，迫切需要对动员体系进行研究，并通过优化动员流程改善体系的动员效果。

1.1.3 研究的必要性

近年来，基于对高技术条件下局部战争和动员需求的突发性、多样性、复杂化的认识不断深化，学术界对国民经济动员的应急功能、动员模式等进行了较为深入的研究，为完善国民经济动员体系提供了重要依据。但同时也存在一些明显的不足：

一是在研究对象上，缺乏对民用工业动员体系的专门研究，相关研究和理论观点大多分散于对国民经济动员及其体系的研究中，尚无广泛认同的民用工业动员体系概念。但事实上，作为国民经济的核心部门，工业具有既不同于国民经济整体、又不同于国民经济其他部门的特质和功能，而且由于职能和管理体制的差异，民用工业动员与军事工业动员在组织方式、动员手段和实施流程等方面也存在明显不同。同时，由于信息化和科学技术的快速发展，现代工业呈现出许多不同于传统工业的新特点和新趋势，要求民用工业动员体系必须在结构等方面做出调整，以适应这种新的变化。因此，有必要对民用工业动员体系进行有针对性的研究。

二是在研究的侧重点上，以往涉及民用工业动员及其体系的研究，大多侧重于对动员客体——企业或企业群在动员过程中组成模式和行为的研究，而对于动员主体——动员决策领导机构、协调管理机构的组成模式和行为及其与动员客体之间对接机制的研究则较为少见。但实际上，由于作为动员主体的动员决策领导机构和协调管理机构在动员过程中承担着动员决策、领导、指挥、协调、管理等功能，发挥着更为核心的作用，因而其组成模式、相互关系和行为规范对民用工业动员的效率甚至成败有着更为重要的影响。同时，动员主体与动员客体的高效对接是确保动员秩序和效率的关键环节，动员主体与动员客体对接不畅，必然造成动员秩序混乱和效率低下。因此，有必要对包括动员主体、动员客体在内的整个民用工业动员体系的运行机理进行深入研究。

三是对于应对任何一次具体的战争或非战争危机事件来说，动员民用工业都是在储备和社会筹集难以满足需要的情况下的最后手段。改革开放40多年来，我国尚未发生过战争，几次大的自然灾害中动员民用工业的情况也寥寥无几，因此，目前的民用工业动员流程尚未经历实践的检验，也难以找到民用工业动员的事例和数据，因而对民用工业动员流程的研究极少。但流程既是检验系统结构合理性的重要手段，也是系统结构、功能和要素能力在既定条件下提高系统效率的重要途径，因此有必要利用零星的事例和分散的数据，对民用工业动员流程进行探索性的研究和讨论，以便为完善民用工业动员体系找到一些切入点和路径。

1.1.4　研究目的和意义

基于上述背景和认识，本书拟从结构和流程两个方面探讨构建民用工业敏捷动员体系的有效途径，为建设更具适应性、更有效率的民用工业敏捷动员体系提供依据。重点解决以下五个方面的问题：①界定民用工业敏捷动员、民用工业敏捷动员体系等相关概念，探讨民用工业敏捷动员体系的特点、建设目标和影响因子；②分析民用工业敏捷动员体系的构成要素、功能和结构框架，构建民用工业敏捷动员体系的结构模型，以此为基础分析我国民用工业动员体系，发现问题并提出完善我国民用工业动员体系的建议；③分析民用工业敏捷动员体系的运行机理，奠定分析民用工业敏捷动员流程的理论基础；④厘清民用工业敏捷动员流程，构建民用工业敏捷动员流程的 Petri 网模型；⑤借助民用工业敏捷动员流程的 Petri 网模型进行实证分析，发现我国民用工业动员体系存在的问题，提出改进和优化建议。

本书的理论和实践意义主要有以下两个方面：

（1）理论意义。第一，有助于丰富和完善国民经济动员理论。当前，国民经济动员的功能正在从传统的应战功能向应战应急双重功能转变。作为国民经济动员的核心，民用工业动员体系的构建在国民经济动员体系建设中居于十分重要的地位。但目前专门针对民用工业动员体系的研究十分薄弱，因而研究构建民用工业敏捷动员体系对于完善国民经济动员体系、拓展国民经济动员功能、丰富国民经济动员理论具有重要意义。

第二，有助于深化对民用工业动员体系的研究。敏捷动员、动员联盟等动员新理论是动员理论适应信息化和动员需求变化的新发展，在国民经济动员相关领域已得到广泛应用。本书将敏捷动员理论引入民用工业动员领域，界定民用工业敏捷动员及其体系的概念，探讨民用工业敏捷动员体系的特点、建设目标和影响因子，是对民用工业动员体系理论研究的深化。

第三，有助于拓宽对民用工业动员体系的研究范围。本书把包括动员主体、动员客体在内的整个民用工业动员体系以及二者之间的有效对接纳入研究视野，从整体上讨论了民用工业敏捷动员体系的构成要素、功能、结构框架和运行机理，克服了以往侧重于动员客体研究的局限和不足，是民用工业动员体系研究在视野和范围上的新拓展。

第四，有助于丰富对民用工业动员体系的研究视角和方法。流程是检验系统结构合理性的重要手段，也是提高系统效率的重要途径。本书从流程角度观察和审视民用工业敏捷动员体系，并运用 Petri 网理论构建民用工业敏捷动员流程模型，以此为根据，分析检验实际案例中民用工业动员体系及其流程的合理性，为研究民用工业动员体系提供了新的分析视角和建模方法。

（2）实践意义。国家《工业动员"十二五"规划》明确提出，"十二五"时期是走中国特色新型工业化道路，发展现代产业体系的关键时期，也是拓展和深化军事斗争准备，完善国防动员体系的重要时期。在该规划的编制说明中首次提出了工业动员体系化。工业动员是国防动员的重要组成部分，民用工业动员是其基础和重要支撑。深入研究民用工业动员体系，弄清新形势下民用工业敏捷动员体系的内涵和特点、构建目标、影响因子、构成要素、结构框架、驱动机理和动员流程，有助于解决当前我国民用工业动员过程中存在的体系不完整、衔接不紧密、信息不畅通、制度不完善等现实问题，对于建成体系完善、功能完备、反应敏捷、保障有力的国民经济动员体系，实现工业动员体系化建设目标，有效保障国家安全具有重要的现实意义。

1.2 研究综述

1.2.1 民用工业动员

民用工业动员是国民经济动员的核心，在一定程度上决定着一个国家国民经济动员的质量和效果。没有切实有效的民用工业动员，国民经济动员就会缺乏必要的物质基础，其目标也难以实现。因此，在国民经济动员中，民用工业动员具有十分重要的作用。

在现代大工业生产出现之前，既没有现代意义上的工业动员，更没有所谓民用工业动员。19世纪末20世纪初，随着现代大工业生产的出现，社会生产力不断增长，现代意义上的工业动员开始形成并依托现代大工业而迅速发展。同时，随着战争的规模的日益扩大，武器消耗迅速增加，军事工业开始作为一个工业门类出现并获得较快发展，出现了军事工业动员与民用工业动员之分，但就工业动员的目的而言，主要是解决平时有限的军工生产规模与战时急剧膨胀的需求之间的矛盾，因此从这个意义上理解，工业动员实践中更多强调的是民用工业动员。国际上第一次明确提出工业动员并将其与武装力量动员相协调的国家是日本①，第一次将工业动员作为支持战争、赢得战争的重要手段而被世界各国普遍采用的战争是第一次世界大战。第一次世界大战后，世界各国进一步认清了工业动员在战争中的地位和作用，普遍加强了工业动员②。第二次世界大战期间，工业动员达到了空前规模，战后，工业动员进入了较为成熟的时期③。从国内看，自2001年以后，我国对国民经济动员领域的研究迅速增加，并逐渐趋向系统化和深度化④。

从内涵上看，最初的工业动员主要服务于战争，是国家为保证战争需要，使整个工业由平时状态转入战时状态，扩大战争物资生产能力、加速战争物资生产而采取的各项措施和活动的总和⑤，主要包括劳动力动员、技术设备动员、原材料和能源动员等⑥⑦。但随着国防动员、国民经济动员内涵的演进，工业动员的

①⑤　刘建军. 工业动员概论 [M]. 长春：吉林人民出版社，2001.

②　王其琨，徐勇. 工业动员论 [J]. 军事经济研究，1990（8）：8-13.

③　都俊宇. 高新技术条件下的国民经济动员研究 [D]. 吉林财经大学硕士学位论文，2010.

④　王灵恩. 基于文献分析的中国国民经济动员研究 [J]. 北京理工大学学报（社会科学版），2014，16（6）：89-94.

⑥　刘洪基. 战争动员学 [M]. 北京：国防大学出版社，1992.

⑦　陈德第. 工业动员模型系统 [M]. 北京：军事工业出版社，1995.

内涵也在不断丰富，并从最初的服务于战争需要扩展到服务于突发事件和紧急状态的需要①②③。国家《工业动员"十二五"规划》明确指出，工业动员是国家为应对各种紧急事件，满足紧急需求，组织有关动员企业，紧急研制、生产、筹措相关工业产品或提供技术支持的活动。通常由各级经济动员管理部门和工业管理部门进行组织和协调④。在信息化战争时代，工业动员主要是对民用工业产品以及军民通用产品的动员⑤。

就民用工业动员而言，目前的研究还主要集中于其应战功能上，《国防经济大辞典》指出："民用工业动员是国家为了满足战争需要，将民用工业由平时状态转入战时状态所进行的全部活动。"⑥ 这里的民用工业泛指工业中不包括国防工业部门在内的所有其他的工业部门。刘建军提出，"民用工业动员是指对民用工业生产从平时转入战时所采取的一系列措施的全过程。"⑦ 这种认知显然滞后于工业动员内涵的发展，与当前民用工业动员应有的功能极不相符，而且也不利于大动员观念⑧的树立。

1.2.2　动员理论新发展

1.2.2.1　敏捷动员理论

近年来，学术界围绕动员响应的快速性、动员对象的协同性、动员成本的最小化，相继提出了一些新的动员理论和观点，其中最具代表性的是敏捷动员理论。敏捷动员理论是借鉴"敏捷制造"理论发展起来的一种全新的动员理念。孔昭君教授在充分总结和吸收上述动员理论发展成果的基础上，明确提出了敏捷动员的概念⑨，并把敏捷动员、动员联盟、供应链、产业链等理论联系在一起，认为所谓敏捷动员是在现代信息技术的支撑下，为提高动员适应性和动员效率、缩减动员外部性影响，建立的由政府管理、以动态联盟为核心、通过资源整合，实现快速、高效动员的动员模式，是提高动员组织适应性和动员效率的一种有效手段。在敏捷动员过程中，组织的动态性是根本保证，速度是基本特征，社会公

① 朱庆林. 国民经济动员概论 [M]. 北京：军事科学出版社，1997.
② 郑树建. 国民经济动员理论与实务 [M]. 北京：军事科学出版社，2006.
③ 管立栋. 关于现代国防动员特征的粗浅认识 [J]. 国防，2015（11）：47.
④⑤ 安伟时. 浅析信息化时代我国工业动员 [N]. 中国国防报，2011-07-28（B3）.
⑥ 陈德第，李轴，库桂生. 国防经济大辞典 [M]. 北京：军事科学出版社，2001.
⑦ 刘建军. 工业动员概论 [M]. 长春：吉林人民出版社，2001.
⑧ 孔昭君. 论大动员观念的培育 [J]. 军事经济研究，2002（10）：28-30.
⑨ 孔昭君. 论敏捷动员 [J]. 北京理工大学学报（社会科学版），2005，7（1）：22-28.

共利益是价值基础，效率是直接目标①②。可见，敏捷动员的核心是动员联盟，其基本特征是敏捷性，关键和根本保证是组织的敏捷性。

动员联盟是在动态联盟基础上发展而来的动员新概念，是敏捷动员的一种重要实现形式③，是应对多变的紧急事态的动态性组织和群体行为，其实质在于突破单个组织的界限，使所有动员组织能充分利用自身的核心优势，共同满足动员需求，并随着动员任务的变化而构建、运行或解体，从而有效整合各级政府和各种企业资源，形成优势互补的协作型组织体系，增强动员管理的灵活性，提高动员效率④。

敏捷动员的基本特征是敏捷性。敏捷性的讨论是伴随着"敏捷制造"理论的提出而开始的。目前，虽然理论界对敏捷性的描述因角度不同而有所差异，但普遍认同的是，敏捷性的实质是组织快速响应市场需求的能力⑤⑥⑦。正是基于这种认同，动员界将敏捷性引入动员领域，提出了敏捷动员的概念。敏捷动员理论认为，要提高动员效率，必须根据动员特征和动员需求，从响应性、竞争性、快速性和柔性四个方面提高动员的敏捷性。

敏捷动员系统是基于系统论的新发展。孔昭君教授认为，敏捷动员系统是为应对战争和紧急状态提供资源保障的有机整体，该系统具有良好的结构柔性和很好的功能适应性。从系统运行机理和功能差异上看，敏捷动员系统包括动员决策指挥系统、动员组织系统、动员实施系统和动员信息系统四个子系统。其中，动员决策指挥系统由各级政府及主管行政部门组成，是整个系统的核心；动员组织系统由构建在各级政府部门之下的动员联盟组成，是整个系统的支撑架构；动员实施系统是实时组成的动员子系统，在决策指挥系统的领导下，根据动员任务组建动员联盟，落实并完成动员任务，是整个敏捷动员系统的基础；动员信息系统用于联系各个子系统，是整个敏捷动员系统的技术支持系统，通过为整个动员系统提供信息支持，实现能流和物流的高度统一⑧。

① 张纪海. 基于 Multi-Agent 的国民经济动员系统建模与仿真研究 [D]. 北京理工大学博士学位论文，2006.

② 孔昭君. 论敏捷动员 [J]. 北京理工大学学报（社会科学版），2005，7（1）：22-28.

③ 张纪海. 基于动态联盟的国民经济动员组织研究 [J]. 北京理工大学学报（社会科学版），2005，7（2）：16-20.

④ 胡敏. 动员联盟合作伙伴研究 [D]. 北京理工大学博士学位论文，2010.

⑤ Dove R.，张申生. 敏捷企业（上）[J]. 中国机械工程，1996，7（3）：22-27.

⑥ 李晓. 动态联盟在国民经济动员中的应用研究 [D]. 华中科技大学硕士学位论文，2007.

⑦ 于锦华，霍春辉. 国外组织敏捷性理论研究综述 [J]. 经济管理，2009，31（5）：170-174.

⑧ 董平，孔昭君. 从经典动员模式到敏捷动员模式 [J]. 北京理工大学学报（社会科学版），2009，11（3）：5-12.

敏捷动员理论的价值在于，其追求动员适应性和效率，即敏捷性的目标取向很好地契合了民用工业动员动态适应当前国家安全形势变化的内在需求，其基于敏捷制造的理论渊源，契合了现代民用工业的基本特征和趋势，其基于动员联盟的组织形式契合了现代民用工业组织创新和发展的新趋势，因而在动员实践中更具适应性和现实性，而且敏捷动员系统的理念和系统架构，也为敏捷动员体系的构建提供了初步的分析框架。

1.2.2.2 动员链理论

在对敏捷动员本质特征进行研究时，有学者提出了"动员链"的概念，认为"动员是一个复杂的链式活动，构成动员链的每一个环节和每一个要素，如动员决策者的谋略水平、动员主体的指挥能力和动员对象的国防观念等都决定着精确动员目标的实现"。① 动员链这一新的动员理念是借鉴供应链理论发展起来的。概括目前理论界关于供应链的探讨，可以认为供应链是通过对物流、资金流、信息流的优化和控制而建立的以核心企业为主导，由原材料供应商、产品制造商、运输商以及销售商等成员所构成，通过原材料采购、中间产品生产、最终产品制造以及产品销售等环节，将产品送到最终用户手中的一种网链式功能结构。对供应链管理包括对整个供应链系统所进行的各种计划、控制、协调、优化和操作等活动和过程，目的是将顾客所需的正确数量、质量和状态的产品，在正确的时间送到正确的地点，并使该过程的各种消耗最少。为实现此目标，要求供应链系统的全体成员互相配合、协同运作，共同应对外部市场复杂多变的形势，因此，供应链管理实际上是一种体现整合与协调思想的管理模式②③④。近年来，出于对适应信息技术发展和市场环境变化的需要，学术界相继提出了如图 1-1 所示的动态供应链⑤⑥、如图 1-2 所示的精益供应链⑦⑧以及敏捷供应链⑨⑩等新概念，体现了供应链理论的新发展。

国民经济动员在本质上可以理解为一种物资供应活动，而且是以企业为基

① 马银波. 对精确化动员的哲学思考 [EB/OL]. (2009-11-30) [2012-11-13]. http：//www. mod. gov. cn/gflt/2009-11/30/content_4108211. htm.
② 马士华，林勇，陈志祥. 供应链管理 [M]. 北京：机械工业出版社，2000.
③ 施先亮，李伊松. 供应链管理概论 [M]. 北京：首都经济贸易大学出版社，2006.
④ 刘浩. 基于供应链理论的供应商选择评价研究 [D]. 长安大学硕士学位论文，2008.
⑤ 于辉，陈剑，于刚. 批发价契约下的供应链应对突发事件 [J]. 系统工程理论与实践，2006（8）：33-41.
⑥ 周艳菊，邱宛华，王宗润等. 供应链风险管理研究进展的综述与分析 [J]. 系统工程，2006（3）：1-7.
⑦ 王玉龙. 精益生产与质量管理 [J]. 河北北方学院学报（自然科学版），2005（4）：69-71.
⑧ 李功. 面向环境的精益供应链管理 [J]. 环境技术，2006（3）：37-42.
⑨ 贾国柱，张橙艳. 敏捷供应链的敏捷性分析 [J]. 工业工程，2006，9（4）：7-11.
⑩ 张红滴. 基于动态联盟的敏捷供应链管理 [J]. 经济研究导刊，2012（12）：189-190.

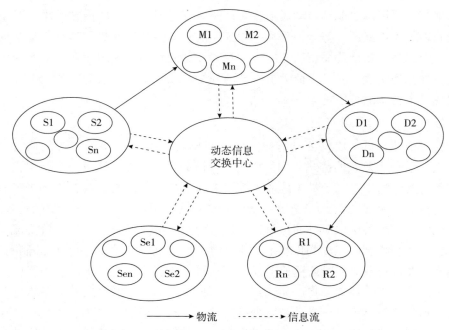

S：供应商；M：制造商；D：分销商；Se：服务商；R：零售商

图 1-1 动态供应链模型

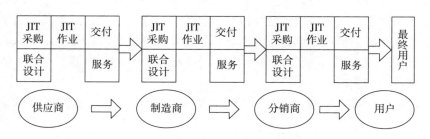

图 1-2 精益供应链基本结构

础、以供应链为保障的一种供应活动，国民经济动员活动链与企业供应链有着高度的契合性。因此，孔昭君教授等（2012）将供应链概念引入国民经济动员领域，认为国民经济动员链是由完成国民经济动员任务所必需的供应链或产业链整体所构成的，是依附于特定社会经济网络之中的纵横交错的链条，是一种网链①。

---

① 孔昭君. 论国民经济动员链 [J]. 北京理工大学学报（社会科学版），2012，14（1）：71-76.

动员链概念的提出，不仅在理论上提供了研究民用工业动员的新视角，而且有助于从产业链或供应链的完整链条上更清晰地描述民用工业动员活动的组成并解释各环节间的相互关系和行动逻辑，其引申出来的动态动员链、精益动员链、敏捷动员链等新的动员理念，为构建民用工业敏捷动员体系、完善民用工业敏捷动员链条、优化民用工业敏捷动员活动流程、提高民用工业动员的敏捷性，奠定了分析基础、提供了优化方向。而且，在实践上有助于进一步深化国民经济动员工作，指导国民经济动员实践，使敏捷动员和动员联盟的理念落到实处，高质量、高效率地开展国民经济动员基础建设工作，不断夯实和完善国民经济动员基础，深化国民经济动员体制机制建设，充分发挥其应战应急的双重功能①。

1.2.2.3　集成动员

由北京理工大学孔昭君教授（2015）提出的集成动员理论是将集成产品开发所揭示的关键理念引入国民经济动员领域，该理论认为集成动员涵盖国民经济动员全过程，不仅是一种整合式工作模式，还是敏捷动员的具体实现形式，同时也是对敏捷动员理论的深化和发展②。集成动员以国家总体安全观为指导，以动员需求为导向，以充分保障应战应急资源需求为宗旨，以敏捷性为灵魂，以效率和效益为目标，以国民经济动员链为依托，以信息技术为支撑，以业务组合为切入点，以业务总线为基础，以建立健全跨组织的工作模式为手段，在推进军民融合深度发展的过程中，努力建立与国家安全需要相适应，与经济社会发展相协调，与突发事件应急机制相衔接的国民经济动员工作模式③。

动员组合是集成动员的核心概念，该概念受集成产品开发中的集成组合概念的启发，考虑到任何一项动员活动都是多个领域和多个部门动员的组合，只不过不同的动员活动可能构成集成组合的核心内容不同。此概念一方面说明国民经济动员必须由政府负责，只有调动政府有关职能部门和相关社会力量才能完成动员活动，国民经济动员机构作为政府的业务部门只是负责编制计划、设计方案，国民经济动员的责任主体只能是政府；另一方面也说明了所有的国民经济动员组合都需面向特定的应战或者应急需求，并且，随着应战应急需求的变化而动态变化。该理论中还探讨了集成动员的组织架构、集成动员的工作模式和集成动员的主线，作为敏捷动员的实现形式，集成动员是对国民经济动员理论架构和实践工作模式的新探索④。

1.2.2.4　其他动员新理论

除敏捷动员理论、动员链理论外，动员界还提出了战区快速动员、精确动

① 孔昭君. 国民经济动员链及其意义与价值［J］. 军事经济研究，2012（3）：34-36.
②③④ 孔昭君，韩秋露. 论集成动员［J］. 北京理工大学学报（社会科学版），2015，17（1）：98-106.

员、联合动员、一体化动员、渐进反应动员等其他动员理论和观点。"战区快速动员"强调在战争爆发时，能够快速将战区内的各种资源转换成现实的保障力量[1]。"精确动员"不仅强调动员量和动员规模的精确性，以减少不必要浪费[2]，同时强调精细动员结构，精选动员时间[3]。"联合动员"强调在动员活动中，整合所有动员组织和动员对象，形成动员合力，以满足战时对资源的极大需求[4]。"一体化动员"要求以信息系统为支撑，对各种动员要素进行系统集成，确保动员与作战无缝链接、融为一体、实时互动[5]。与传统动员相比，一体化动员具有动员体系融为一体、动员实施上下同步、动员协调实时动态、动员保障精确配送等新特点[6]。"渐进反应动员"要求国家将综合性动员和部门或行业动员区分为若干渐进反应动员，随着战争威胁的不断升级，逐次启动响应渐进反应动员[7]，实质上也体现了"有限动员""有针对性动员"和"精确动员"的思想[8]。

上述动员理论主要围绕动员响应快速性、动员对象协同性、动员成本最小化展开讨论，在本质上都是敏捷动员的研究范畴，区别仅在于其关注点、研究视角和分析逻辑的差异。事实上，在实践中，就动员目标而言，这三个方面是同等重要、缺一不可的。同时，上述动员新理论主要集中于宏观动员概念层面，对动员体系内部有关细分领域，特别是民用工业敏捷动员的理论研究和探讨尚显缺乏。

1.2.3 动员体系

动员体系是伴随着大规模、全面性战争动员的出现而产生，并经历长期动员实践不断积累、发展而成熟的。1793年法国颁发的《全国总动员法》，是前所未有的全面性战争动员措施，开创了全国战争总动员的先河。战争动员成为一种军事制度，以法律的形式肯定下来，并从理论及其发展规律方面进行探讨和研究，经历了由18世纪、19世纪直至20世纪上半叶的第一次、第二次世界大战，才宣告全面形成和成熟。至此，战争动员事实上已形成横断面上包括政治、经济、军事、社会等方面，纵向上包括决策指挥、计划规划、协调执行、物资储备、力量

---

① 马存成. 信息化条件下战区快速动员问题 [J]. 国防，2006（2）：24-25.
② 朱茂群. 精确化——未来战争的走向 [J]. 国防，2002（2）：8-9.
③ 吴光敏. 刍议运用军事运筹学谋求精确动员 [J]. 国防，2015（11）：48-49.
④ 傅慧军. 构建一体化联合动员新模式的"三块基石" [J]. 国防，2006（2）：22-23.
⑤ 李亚洲. 适应军事斗争准备需要加强国防动员一体化建设 [J]. 国防，2007（4）：27-29.
⑥ 董平，孔昭君. 从经典动员模式到敏捷动员模式 [J]. 北京理工大学学报（社会科学版），2009，11（3）：5-12.
⑦ 金晓峰，付志刚. "渐进反应动员"管见 [N]. 中国国防报，2006-08-13（B3）.
⑧ 张云彬. 中国企业动员准备研究 [D]. 武汉军事经济技术学院，2006.

建设、信息保障、法律规范等环节的庞大体系。

1.2.3.1　系统论及其理论意义

1.2.3.1.1　系统的内涵及分析视角

系统论作为一门科学理论，是由美籍奥地利人、生物学家 L. V. 贝塔朗菲（L. Von. Bertalanffy）提出并创立的。系统论认为，系统是由诸多要素以一定结构形式构成的具有某种特定功能的有机整体[1][2]。该理论为人们认识系统提供了三个分析视角：

第一，任何一个系统都是由若干要素构成的，要素是系统的构成单元。一方面，要素与系统是相对的，系统由若干要素构成，同时它又是更大系统的要素，而要素又是由更小的构成单元组成的；另一方面，要素与系统是部分和整体的关系，二者相互依存。通常，构成系统的要素不同，其结构和功能也就不同，系统也就不同。因此，确定系统的构成要素是构建系统的起点。

第二，任何系统都具有一定结构。系统的各个构成要素，不是简单的机械相加，而是相互之间具有稳定的关联关系和方式。相同的构成要素由于其关联方式不同，系统的结构和功能也就不同。

第三，任何系统都具有一定的功能。功能是系统在与外部环境相互作用中所表现出来的行为方式，它解释了系统对外界作用过程的秩序[3]，反映了系统的外在能力。构成系统的各个要素在系统中均具有一定的功能，缺一不可，但系统功能绝不是组成该系统的诸多要素个体功能的简单叠加，而是具有各要素在孤立状态下所没有的整体性特点，且远大于各要素功能之和。此外，一种结构的系统往往不只具有唯一功能，而可以有多种功能。

1.2.3.1.2　系统的构建原则

系统论强调，系统的构建应遵循三个基本原则：

第一，整体性原则。系统是由许多相互关联、相互制约的构成要素组成的整体[4]，整体性是系统的根本属性，是一个系统区别于另一个系统的根本所在。从整体上考虑并解决问题[5]，是系统构建需要遵循的基本原则。

第二，层次性原则。层次性是由于系统的各个构成要素之间的差异及其在系

---

① 杰拉尔德·温伯格. 系统化思维导论［M］. 北京：清华大学出版社，2003.

② 车铭哲. 基于系统论视角下的城市公园系统构建研究——以重庆市渝中区为例［D］. 重庆大学硕士学位论文，2013.

③ 冯国瑞. 系统论、信息论、控制论与马克思主义认识论［M］. 北京：北京大学出版社，1991.

④ 钱学森等. 论系统工程（增订本）［M］. 长沙：国防科技大学出版社，1988.

⑤ 钱学森. 要从整体上考虑并解决问题［N］. 人民日报，1990-12-31（B3）.

统结构中所处的地位不同而表现出来的等级秩序性①。层次性是系统具有的普遍属性，在分析、认识或构建系统时，应该遵循系统的层次性原则，由主及次地进行，并关注层次与层次、层次与整体之间的相互作用和相互影响。不同的系统层次，发挥着不同层次的系统功能，层次越高，其自组织力越强，结构和功能也较多样。一般而言，高层次系统的功能相对笼统，低层次系统的结构比较具体。

第三，最优化原则。最优化现象和趋势是各类复杂系统客观存在的规律②。最优化的结构方式有助于系统整体功能的发挥，从而实现系统效益的最大化。系统的最优化原则可以保证系统在结构、功能等各个方面都得到最佳，当系统的最优化目标实现时，系统的结构和功能均达到最优化，系统的运行效率最优。基于系统论的系统构建模型如图1-3所示。

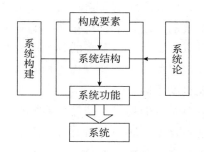

图1-3 基于系统论的系统构建模型

1.2.3.1.3 系统论对本书的理论价值

首先，系统论之所以成为本书的理论基础，在于民用工业敏捷动员体系首先应当是一个"体系"。而"体系"在中外语境中均泛指一定范围内或同类的事物按照一定的秩序和内部联系组合而成的整体，是不同系统组成的系统。也就是说，民用工业敏捷动员体系首先是个大系统。

其次，基于系统论提供的三个基本分析视角，本书认为：①民用工业敏捷动员体系是一个复杂的大系统，该系统由若干具有特定功能的分系统构成，各个分系统又包含诸多的构成要素。构建民用工业敏捷动员体系，首先应当合理选择并确定其分系统及构成要素，并以此为起点，实现体系结构优化和功能最大化。②民用工业敏捷动员体系功能的发挥依赖于体系结构的优化，改进各分系统及其构成要素之间的关联关系和方式，可以有效提升体系的功能。构建民用工业敏捷

① 魏宏森，曾国屏.试论系统的层次性原理［J］.系统辩证学学报，1995（1）：42-47.

② 吴元裸.科学方法论基础［M］.北京：中国社会科学出版社，1984.

动员体系，应当把优化体系结构作为重要途径，从而使民用工业敏捷动员体系能够更好地发挥功能。

最后，按照系统论提供的系统构建的三个基本原则，本书认为：①民用工业敏捷动员体系是不同于其他任何动员体系的具有特定功能的系统；②研究民用工业敏捷动员体系应遵循系统的层次性原则，注重运用层次分析方法厘清其体系层次以及层次与层次、层次与整体之间的相互关系、相互作用和相互影响；③整体功能效率最优化是构建民用工业敏捷动员体系的基本目标。

在这里，系统论为从民用工业敏捷动员体系的构建目标出发，深入剖析其构成要素、结构和功能，科学梳理其层次，发现其功能优化路径，提供了重要的认识论和方法论工具。

1.2.3.2 国防动员体系

作为处于庞大动员体系顶层的国防动员体系，是由与国防动员相关的各部分按一定规则组合成的统一体，是国家为应对战争或自然灾害威胁，建立起来的一套相互联结、互为支撑的动员保障系统①，具有组织领导层次较高、连接军政两大系统、危机管理功能更加强大的特点②。从横断面构成看，国防动员体系包括政治动员、经济动员、武装力量动员、交通战备动员和人民防空动员等内容。从体现国防动员体系的整体特性看，又可分为动员理论系统、动员需求系统、领导指挥系统、计划系统、协调和执行系统、力量建设系统、信息和保障系统以及法律规范系统八个方面③。从构成国防动员活动的要素看，国防动员体系由动员组织体系、动员政策体系、动员基础体系和动员法律体系构成。其中，动员组织体系是国防动员活动的行为主体；动员政策体系是连接动员组织体系和动员基础体系的桥梁；动员基础体系是国防动员的物质技术基础；动员法律体系主要用以规范和调节国家、集体和个人因国防动员活动而产生的权利义务关系④。国防动员体系的结构配置、运行机理和内部关系直接决定国防动员能力的强弱和国防动员功能的发挥⑤。从国防动员体系的建设看，应该强化军事属性、军民融合和政府主导的观念⑥，同时还应深化国防动员转型建设，适应形势发展新要求，以使命

① 施中苏. 加强国防动员体系建设的几点思考［J］. 国防，2008（9）：37-38.

② 魏泽玉，唐文海，安亮. 从世界主要国家动员实践看我国国防动员应急应战一体化体制建设［J］. 国防技术基础，2009（8）：59-62.

③ 王法安. 动员领域需要深入研究的几个基本范畴（三）［J］. 国防，2003（3）：31-32.

④ 方欲平. 国防动员体系与突发事件应急机制相衔接研究［D］. 中南大学硕士学位论文，2011.

⑤ 王文清. 新时期国防动员体系：把动员潜力转化为国防实力［EB/OL］.（2003-03-21）［2012-04-13］. http：//news. ifeng. com/mil/2/detail_2010_12/30/3778758_0. shtml.

⑥ 刘晓良. 国防动员建设应强化三个观念［J］. 国防，2013（12）：30.

任务牵引转型；适应依法建设新常态，以改革创新驱动转型；适应现代战争新特点，以信息手段支撑转型；适应国防战略新理念，以深度融合助推转型①。

1.2.3.3　国民经济动员体系

国民经济动员体系是国防动员体系的重要物质技术基础，但目前理论界对其内涵的界定并不多见，仅有部分学者从构成的角度对其进行了研究和探讨，认为，国民经济动员体系包括组织体系、法律体系、计划体系、理论体系及物质技术基础体系等方面②，涉及各经济领域、各行业以及生产、交换、分配和消费各环节，存在于科研、生产和建设之中③。

1.2.3.4　工业动员体系

工业动员体系在国民经济动员体系中居于核心地位，是一个包括动员主体和动员客体及其之间相互关系的体系④。经历了第二次世界大战和战后几十年的发展，工业动员形成了独具特点和比较完备的动员理论，并在此动员理论的指导下，形成了由配套的动员法规、健全的动员体制、科学的动员计划和强大而灵活的工业动员能力所构成的、相对完善的、能适应未来战争需要的工业动员体系⑤。有学者进一步指出，工业动员体系不仅应该包括工业动员理论、工业动员法规、工业动员体制、工业动员计划和工业动员措施等内容，同时工业动员应与工业复员相互衔接、相互促进，构成一个内在自我循环、自我发展的完整的工业动员体系⑥。国家《工业动员"十二五"规划》也首次提出了工业动员体系化的概念。

纵观相关文献，当前国内学者对于动员体系的研究，多数尚停留在动员体系构成层面，虽然也有学者开始强调动员体系的系统性和整体功能，但对于如何提高体系的整体功能以增强动员体系的适应性、应变性和灵活性的研究则不多见。在研究对象上，也仅限于工业动员体系，尚缺乏对民用工业动员体系的深入研究。

1.2.4　动员体系建设

动员体系建设是构建和完善动员体系结构，优化提升动员体系功能，实现应

①　胡少平. 深化国防动员转型建设思考 [J]. 国防, 2015 (11): 38-42.

②　陈德第. 新时期国民经济动员理论框架 [J]. 北京理工大学学报（社会科学版）, 2003, 5 (3): 43-48.

③　崔立新. 关于国民经济动员面向非军事需求的思考 [J]. 北京理工大学学报（社会科学版）, 2004, 6 (3): 15-17.

④　王其琨, 徐勇. 工业动员论 [J]. 军事经济研究, 1990 (8): 14.

⑤　孙贺. 浅谈工业动员的产生与发展（下）[J]. 现代兵器, 1989 (1): 44-48.

⑥　刘建军. 工业动员概论 [M]. 长春: 吉林人民出版社, 2001.

战应急体系化保障的系统工程。当前，针对动员体系建设的研究主要集中在完善体系结构、提升体系功能、提高平战转换能力、推动军民融合等方面。

1.2.4.1 完善体系结构

按照系统论的观点，结构是功能的基础。建设高效率、高适应性的动员体系，必须以科学、完善的动员体系结构为基础。目前，国内学者针对完善动员体系结构比较完整的表述是：①通过构建精干高效的动员指挥体系、统一的计划方案体系、完善的法规体系、与战争形态同频共振的政策理论体系，加强国防动员体系建设①。②应完善国防动员的四个体系，即精干管用的应急应战力量体系、快速高效的物力保障体系、技术密集的科技支前体系和精干高效的国防动员指挥体系②。③国防动员体系建设应以提高应战动员能力为核心，不断加强动员力量体系、健全组织指挥体系、完善计划预案体系、改革创新训练体系和优化装备保障体系③。

1.2.4.2 提升体系功能

新形势下，随着各种非传统安全威胁的日益增多，积极推动国防动员体系与应急管理体系有效衔接，实现应急应战功能一体化，对于有效应对各种非传统安全威胁具有重要意义。国内对于提升动员体系功能的研究主要是围绕强化应急功能，推动应战与应急体系有机整合、有效衔接展开的。普遍认为，出于应对日益多样化和复杂化非传统安全威胁的需要，必须加强国民经济动员的应急功能，建立应战与应急统一管理的一体化动员体制④，并从组织体系、力量体系、制度体系三个方面，拓展国防动员体系的应急功能，搞好预案体系对接、建立联动协调机制、共享情报信息资源、整合救援力量和统筹应急物资储备，推进国防动员与应急管理体系衔接⑤⑥。而要实现国防动员与应急管理的有效衔接，必须加强指挥管理机制、应战应急力量以及军地保障资源等方面的衔接，使国防动员与应急

---

① 柳凤举. 着眼提高整体动员能力 加强国防动员体系建设 [J]. 国防，2002 (7)：7-9.

② 张年进，张平. 完善国防动员的四个体系 [EB/OL]. (2011-01-31) [2012-04-13]. http://www.chinamil.com.cn/gfbmap/content/2011-01/31/content_49687.htm.

③ 郑善利. 扎实搞好国防动员体系建设 [EB/OL]. (2010-06-21) [2012-04-13]. http://chn.chinamil.com.cn/jx/2010-06/21/content_4243614.htm.

④ 常相全，孔昭君. 加强国民经济动员应急功能建设的思考 [J]. 北京理工大学学报（社会科学版），2006，8 (5)：8-10.

⑤ 方欲平. 国防动员体系与突发事件应急机制相衔接研究 [D]. 中南大学硕士学位论文，2011：36-43.

⑥ 钟志坚. 对推进国防动员与应急管理体系衔接的思考 [J]. 国防，2011 (3)：35-37.

管理两大体系的办事机构互相兼职、职能定位双向协调、应急救援力量统建统管①②。为此，必须推动国防动员与应急管理两大体系整合，按照精干高效的原则，整合组织机构；按照"双应一体"的原则，整合专业队伍；按照军民结合的原则，整合应急资源③，推动形成权威高效的"衔接式"动员组织指挥体制；规范有序的动员预案体系；功能齐全、联合敏捷的应急应战动员力量体系；布局合理、重点明确的物资装备保障体系；完备配套、实在管用的应急应战动员法规体系，真正实现应急应战一体化，提高应急应战一体化动员能力④⑤。

1.2.4.3 提高平战转换能力

平战转换能力是动员体系建设的重要内容，平战转换能力的大小、强弱是评价和检验动员体系建设成效的重要标准之一。学术界认为，提高平战转换能力，应从健全经济动员工作机构、掌握经济动员潜力、制定经济动员预案、完善经济动员法规制度等方面着手⑥，要按照应急应战要求，科学设置国防动员平战转换机构，健全军民一体、平战结合的动员指挥体制，实现国防动员体制平战快速转换；按照完备配套要求，完善国防动员体制平战转换立法，健全实在管用、权威高效的经济动员法规体系，确保战时有条不紊地按计划组织动员工作；按照经常性、有效性要求，加强国防动员体制建设，健全集中统一、规范有序的军地工作协作制度，保证人员精干、组织健全、指挥高效，战时能在最短时间内完成各项动员任务；按照成系统、成体系要求，强化国防动员信息平台和网络建设，健全横向到边、纵向到底的经济动员信息网络，确保各层级、各系统信息高效传递和及时反馈⑦⑧。

1.2.4.4 推动军民融合

军民融合是强化动员基础、增强动员潜力的重要途径，是动员体系建设的重要方向。国内学者认为，完善国防动员体系，必须着眼有效应对国家可能面临的多种安全威胁，从机构整合、职能整合和资源整合三个方面，推动形成军民融

① 光善福，唐遂心. 国防动员体系与应急管理体系衔接问题研究 [J]. 国防动员研究，2011（1）：47-49.

② 董智勇. 从三个方面积极推进国防动员体系与应急管理体系有效衔接 [J]. 国防，2012（1）：32-33.

③ 光善福. 国防动员体系与应急管理体系整合问题初探 [J]. 国防动员研究，2008（6）：48-50.

④ 宋珍兵. 国民经济动员应战与应急一体化建设探讨 [J]. 军事经济研究，2009（9）：30-32.

⑤ 魏泽玉，唐文海，安亮. 从世界主要国家动员实践看我国国防动员应急应战一体化体制建设 [J]. 国防技术基础，2009（8）：59-62.

⑥ 吕明武，郑永恒. 要努力提高经济动员平战转换能力 [J]. 国防，2002（3）：31.

⑦ 张树民，赵志韬. 提高国防动员平战转换能力 [J]. 华北民兵，2004（4）：30.

⑧ 孙代方，吴小丰，绕定炽. 适应应急应战要求 完善国民经济动员平战转换机制 [J]. 军事经济研究，2009（7）：27-28.

合、"双应"一体、权威高效、运转顺畅的新型国防动员体系[①]。推动军民融合，必须打破军、地系统之间的阻碍与限制，整合经济动员资源[②]，强化融合的组织基础、动员的潜力基础、快速动员的能力基础以及融合的社会基础[③]，并按照"军民一体、平战结合"的方针，立足现有基础，结合现实任务，积极建设以指挥体制为重点的平战转换机制、以应急力量为重点的力量动员机制、以通用物资为重点的物资保障机制、以确保畅通为目标的保交护路机制、以技术为支撑的科技信息保障机制、以保稳定少损失为目标的人民防空机制、以落实军事需求为重点的军地对接机制的常态化发展机制[④]。北京理工大学管理与经济学院国家国民经济动员中心课题组在对"民用工业军民融合式发展模式"的研究中，进一步提出应从产业、科技以及机构三个方面实现民用工业动员的军民融合式发展[⑤]，对民用工业动员体系建设思路提供了参考。

1.2.5 动员体系及流程建模

1.2.5.1 动员体系建模

对动员体系进行一般性建模的研究目前还不多见，多数学者侧重于对动员体系某一方面的建模和仿真。比如，唐平舟（2010）结合目标规划法建立了动员物流中心布局模型[⑥]；张纪海、王成敏（2009）通过对动员型物流中心承建企业选择的关键因素进行分析，构建了动员型物流中心承建企业评价指标体系[⑦]；郭瑞鹏（2006）采用模糊数及区间数分析及描述动员时间和动员物资需求数量的不确定性，建立了模糊数和区间数条件下动员点选择模型[⑧]；常相全（2007）运用灾圈理论对国民经济动员应急储备进行了研究[⑨]；胡敏（2010）采用粗糙集和

① 吴齐. 构建平战一体军民融合的新型国防动员体系 [J]. 国防, 2008 (7)：24-25.
② 王成志，董文韬，叶宁慧. 关于构建一体化经济动员体系的思考 [J]. 军事经济研究, 2009 (5)：26-27.
③ 傅绍权，傅志刚. 创新军民融合式发展路子 提升国防动员建设效益 [J]. 国防技术基础, 2010 (1)：60-62.
④ 施中苏. 加强国防动员体系建设的几点思考 [J]. 国防, 2008 (9)：37-38.
⑤ 北京理工大学管理与经济学院国家国民经济动员中心课题组. 民用工业军民融合式发展模式研究 [R]. 北京：北京理工大学管理与经济学院国家国民经济动员中心, 2012.
⑥ 唐平舟. 国民经济动员物流中心布局研究 [D]. 北京理工大学博士学位论文, 2010.
⑦ 张纪海，王成敏. 动员型物流中心承建企业评价指标体系研究 [J]. 北京理工大学学报（社会科学版）, 2009, 11 (2).
⑧ 郭瑞鹏. 应急物资动员决策的方法与模型研究 [D]. 北京理工大学博士学位论文, 2006.
⑨ 常相全. 全灾圈理论与国民经济动员应急储备研究 [D]. 北京理工大学博士学位论文, 2007.

k-means 聚类的方法，构建了动员联盟伙伴选择指标体系及动员联盟合作伙伴选择模型[1]；张纪海（2005）采用层次分析法构建了动员联盟盟员敏捷性的评价指标体系，并对某动员企业敏捷性进行了评价[2]；王成敏（2010）采用系统动力学方法对国民经济动员潜力释放进行了研究[3]；韩宇宽（2006）将投入产出分析法与状态转移模型结合，构建了可动员资源的投入产出模型[4]；张永晋、刘慧、王玮琢等（2006）运用最佳经济动员程度变量 R 和连续校正误差系数 β，构建了战争财力动员潜力模型，用以量化预测国民经济运行状况[5]；刘伟光（2009）运用线性规划法对湖南省装备经济动员潜力进行了研究[6]；刘康娜（2006）构建了用以分析评价国民经济动员潜力调查和潜力评价指标体系[7]；张纪海（2006）在其博士毕业论文中采用 Multi-Agent 方法对国民经济动员系统进行了建模与仿真研究[8]；贺琨和曾立（2015）对国民经济动员经济效率相关问题进行了研究，构建了国民经济动员经济效率评价指标体系[9]；刘本旭（2008）采用剧情生成技术和离散事件系统仿真策略，研究了国民经济动员仿真演练系统框架[10]；杨晓慧（2014）以"应急资源动员能力=动员保障力×潜在资源"为基础，从组织体系、资源监控、机制保障和应急资源动员法律法规四个方面构建了应急资源动员能力评价指标体系[11]。

1.2.5.2 流程建模方法

在流程建模方面，为了便于对复杂的流程结构和关系予以理解和抽象表达，通常采用图形化的语言对业务过程进行描述，在此基础上，建立图形化的流程或结构化的模型元素及规范，并通过所建模型使读者对该业务流程达成一致理解。目前，常用的流程建模方法主要有流程图建模法（Process Map Modeling，PMM）、角色行为图法（Role Activitty Diagram，RAD）、集成定义法（Integrated Definition

① 胡敏. 动员联盟合作伙伴研究 [D]. 北京理工大学博士学位论文，2010.
② 张纪海. 动员联盟盟员敏捷性的评价指标体系与方法 [J]. 北京理工大学学报（社会科学版），2005，7（5）：6-8.
③ 王成敏. 国民经济动员潜力释放 [D]. 北京理工大学博士学位论文，2010.
④ 韩宇宽. 国民经济动员中的可动员资源管理研究 [D]. 北京理工大学博士学位论文，2006.
⑤ 张永晋，刘慧，王玮琢等. 我国战争财力动员潜力预测模型构建 [J]. 军事经济研究，2006（3）：32-35.
⑥ 刘伟光. 湖南省装备经济动员潜力研究 [D]. 国防科学技术大学硕士学位论文，2009.
⑦ 刘康娜. 国民经济动员潜力分析及评价指标体系初探 [D]. 北京理工大学硕士学位论文，2006.
⑧ 张纪海. 基于 Multi-Agent 的国民经济动员系统建模与仿真研究 [D]. 北京理工大学博士学位论文，2006.
⑨ 贺琨，曾立. 国民经济动员经济效率相关问题研究 [J]. 北京理工大学学报（社会科学版），2015，17（6）：113-118.
⑩ 刘本旭. 国民经济动员仿真演练系统框架研究 [D]. 华中科技大学硕士学位论文，2008.
⑪ 杨晓慧. 应急资源动员能力评价指标体系构建 [J]. 物流技术，2014，33（12）：14-16.

Methods，IDEF)、统一建模语言（Unified Modeling Language，UML)、集成信息系统体系结构（Architecture of Integrated Information System，ARIS）和 Petri 网等方法，表 1-1 对各种流程建模的方法进行了比较。

表 1-1 流程建模方法比较

属性		PMM	RAD	IDEF	UML	ARIS	Petri 网
建模方向		面向过程	面向结构	混合	面向对象	面向过程	混合
形式化程度	可理解性	较好	一般	一般	一般	较好	较好
	图形化表示	有	有	有	有	有	有
	计算机化	可以	尚可	一般	一般	较好	较好
完备性程度	抽象机制	无	无	有	有	有	有
	语义规则	弱	弱	有	有	有	有
	事件触发机制	有	无	无	无	有	有
模型表达能力	流程	一般	一般	一般	较弱	较强	较强
	组织	无	有	无	无	较完善	有
	人员	无	有	有	无	有	无
	时间	较弱	较弱	较弱	较弱	较强	较强
模型运行能力	流程仿真	不支持	不支持	不支持	不支持	支持	支持
	动态建模	不支持	支持	不支持	支持	支持	支持
建模方法论		弱	一般	较完备	一般	较完备	较完备

从表 1-1 可以看出，PMM 和 RAD 模型功能较弱，比较适用于对简单问题的建模；IDEF 不支持流程仿真与动态建模，比较适用于产品设计及计算机集成制造系统（Computer Integrated Manufacturing System，简称 CIMS）领域，其模型表达能力一般，不能准确地对资源冲突、并发、时效以及行为状态进行表述；UML 流程表述简单易懂，但是其模型表达能力较弱，也不支持流程仿真，因此，UML 比较适合对简单流程的建模。相比之下，ARIS 和 Petri 网有很多优势，模型表达能力较强，建模方法论比较完备，比较适合于流程建模。另外，由于 Petri 网适用于对多种系统进行图形化和数学化建模，特别是对具有异步、并发、分布式和随机性等特征的系统具有较强的建模能力[1]，为此，本书选择 Petri 网对民用工业

---

① 陆颖，许晓兵，崔荣波. 业务流程管理中建模方法比较研究 [J]. 科技与管理, 2010, 12 (6)：70-74.

敏捷动员体系的动员流程进行建模。

1.2.6　Petri 网理论及其应用价值

Petri 网是 1962 年由 C. A. Petri 提出的一种用于描述离散系统的建模工具，该方法适用于对多种系统进行建模，特别是对具有异步、并发、分布式和随机性等特征的系统具有较强的图形化和数学化建模能力①。借助于数学工具，Petri 网不仅可以描述系统的静态结构，还可以对系统的动态行为进行分析，所建模型直观易懂，已经成为被广泛使用的建模工具之一。目前，Petri 网除了在其传统应用领域，如制造系统、离散系统、计算机科学等领域得到广泛应用之外，还扩展到了系统可靠性研究、系统测试性分析、供应链、应急管理、装备保障、决策流程再造、动态联盟任务调度、作战系统、协议工程、柔性制造、业务处理、工作流等许多领域②，并已逐渐成为进行业务流程分析和建模的一种形式化的正式方法。

采用 Petri 网建模方法具有很多优势。首先，该方法建立在坚实的理论基础之上，具有严格的数学表达，科学性较强，同时，网系统所采用的元素都经过严格定义；其次，该方法模型表达能力非常强大，几乎可以用于所有业务流程建模问题；再次，该方法综合了数据流、控制流和状态转移，能对系统的各种特性进行自然描述；最后，该方法还具有较强的扩展性，可以不断改进和完善。目前，根据不同的需求和使用条件，原型 Petri 网已经被扩展为有色 Petri 网、层次 Petri 网、时间 Petri 网和广义随机 Petri 网等。其中广义随机 Petri 网具有较强的实用性，可以结合马尔可夫链，对系统模型的性能指标进行分析，并对流程存在的问题进行诊断，从而为改进、优化和设计新的业务流程提供依据和支持。

本书之所以选择 Petri 网作为建模工具，原因在于：

（1）民用工业敏捷动员体系的重要特点是系统的敏捷性，要求系统能够以最快的速度满足紧急情况发生时产生的超常规紧急需求，因此，民用工业敏捷动员体系流程建模重点考虑时间因素，动员强调的是应急响应的时间和效果，系统的响应时间是建设民用工业敏捷动员体系首要考虑的因素之一，也成为动员系统流程建模重点考虑的要素之一。Petri 网建模方法具有较强的时间表达能力以及较强的流程仿真和动态描述能力，适合对民用工业敏捷动员流程进行建模。

---

①②　袁崇义. Petri 网应用 [M]. 北京：科学出版社，2013.

（2）在民用工业敏捷动员过程中，一些动员活动具有同步关系、选择关系、并发关系和冲突关系，这些关系需要通过模型化手段进行分析和转化。Petri 网是面向过程的建模方法，运用 Petri 网建模方法可以十分恰当地刻画出动员体系内部的活动关系，不仅可以准确地描述系统内部的顺序、并发、冲突、异步、选择、同步等关系，而且可以通过模型化手段对流程进行优化和简化，对于提高民用工业敏捷动员体系的动员效率以及动员的敏捷性具有重要意义。

（3）民用工业敏捷动员体系是一个复杂系统，该系统的运行，特别是在进行民用工业敏捷动员时，将呈现出很强的随机性特征，借助于随机 Petri 网模型，可以更好地对民用工业敏捷动员体系展开深入分析。

1.3　研究思路与分析框架

1.3.1　研究思路

针对当前民用工业动员实践中存在的问题和相关研究存在的不足，本书拟从民用工业动员体系的建设目标出发，将敏捷动员理论引入民用工业动员领域，从界定民用工业敏捷动员以及民用工业敏捷动员体系的概念入手，分析民用工业敏捷动员体系的内涵及特征，讨论民用工业敏捷动员体系的建设目标及影响因子。在此基础上，一方面，提出民用工业敏捷动员体系的构成要素、功能和结构模型；另一方面，深入分析民用工业敏捷动员体系在动员准备、动员实施和动员复员三个阶段的运行机理；以此为基础，讨论民用工业敏捷动员准备、动员实施和动员复员三个阶段的动员流程，并以动员实施流程为重点，构建民用工业敏捷动员实施流程的 Petri 网模型，之后分析河北省"7·21"洪涝灾害救援动员流程以及灾后重建流程，以民用工业敏捷动员实施流程的 Petri 网模型为基础，构建河北省"7·21"洪涝灾害救援动员流程和灾后重建流程的 Petri 网模型并对模型进行了优化和分析，发现流程存在的问题，提出改进建议，为构建和完善我国民用工业敏捷动员体系提供参考。

1.3.2　技术路线

本书的研究技术路线如图 1-4 所示。

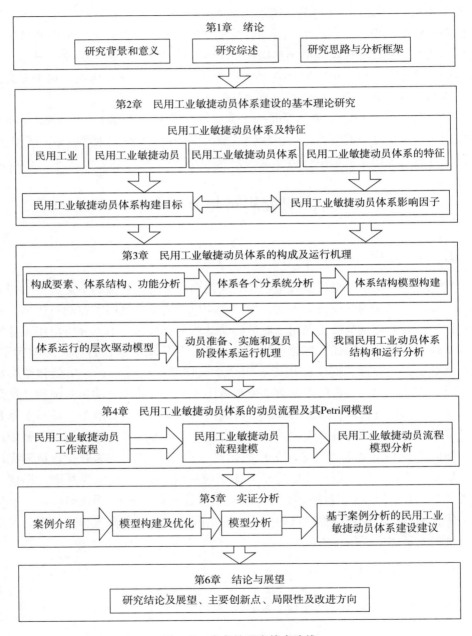

图1-4　本书的研究技术路线

1.3.3　章节安排

本书共分为 6 章，各章的研究内容简述如下：

第 1 章为绪论。主要包括课题的研究背景及意义、研究综述、研究思路及分析框架等。研究背景从现实要求的角度论述当前开展民用工业敏捷动员体系建设的必要性；在此基础上，通过对以往相关研究的梳理，提出本书研究的问题以及本书研究的必要性。研究综述主要分析学术界目前与民用工业敏捷动员体系相关的研究成果，重点从民用工业动员、动员理论新发展、动员体系、动员体系建设、动员体系建模及仿真、Petri 网理论及其应用价值等方面进行探讨。基于本书的研究问题，确定本书的研究思路和技术路线。

第 2 章为民用工业敏捷动员体系建设的基本理论研究。重点从民用工业敏捷动员体系及其特征、民用工业敏捷动员体系建设的目标要求和影响因子等方面阐述民用工业敏捷动员体系建设的基本理论。界定民用工业敏捷动员、民用工业敏捷动员体系等相关概念，对民用工业敏捷动员体系的特点进行讨论。从快速实现平战转换、适应多样化动员需求、适应不同强度动员需求、尽可能降低对经济系统的扰动等方面讨论民用工业敏捷动员体系建设的目标；从应战应急需求、国家安全战略、民用工业体系、体制机制环境以及信息技术条件等方面分析影响民用工业敏捷动员体系建设的因子。

第 3 章为民用工业敏捷动员体系的构成及运行机理。从系统论的角度探讨民用工业敏捷动员体系的构成要素、体系结构以及该体系各个组成部分的基本功能，构建民用工业敏捷动员体系的结构模型，研究民用工业敏捷动员体系在动员准备、动员实施和动员复员三个阶段的运行机理，为民用工业敏捷动员流程的分析奠定理论基础。借助民用工业敏捷动员体系的理论结构模型以及运行机理，分析我国民用工业动员体系的结构和运行，以期发现问题，为我国民用工业动员体系的优化提供参考。

第 4 章为民用工业敏捷动员体系的动员流程及其 Petri 网模型。分析民用工业敏捷动员体系在动员准备、动员实施以及动员复员三个不同阶段的动员流程，并以动员实施流程为重点，构建民用工业敏捷动员体系动员实施流程的 Petri 网模型，对模型进行优化以及模型性能分析。

第 5 章为实证分析。对河北省 "7·21" 洪涝灾害救援动员案例进行概述，在此基础上，对其实际动员流程进行分析并构建 Petri 网模型，通过对实际流程和模型的分析，发现问题并对实际流程和模型进行优化，从而挖掘现有民用工业动员体系存在的问题，提出改进建议，以便促进现有民用工业动员体系向敏捷化的方向发展，实现民用工业敏捷动员体系的建设目标。

第6章为是结论与展望。总结本书的研究成果和结论、创新点以及局限性，提出今后研究的方向。

1.4　本章小结

本章主要阐述课题的研究背景、研究意义、研究内容、研究方法、技术路线等，并对相关理论进行综述，主要内容如下：

第一，高技术条件下的现代战争对民用工业动员体系建设提出了更高要求，不断上升的非传统安全威胁对民用工业动员体系建设提出了新需求，日益复杂的战略安全环境以及为落实我国工业动员"十二五"奋斗目标，迫切需要加强民用工业动员体系的建设。

第二，当前，包含民用工业动员在内的国民经济动员的应急功能得到广泛认同，民用工业动员体系建设逐步受到重视，但从近年来应对汶川地震等突发重大自然灾害的动员保障实践看，我国民用工业动员能力还很有限，尚不能在重大危机事件发生后应对自如，民用工业动员体系在体系完整性、动员主体与客体对接、动员流程的合理性、信息系统建设、法律制度等方面还存在诸多问题和不足，这不仅影响动员效率，而且容易造成社会资源的浪费。

第三，工业动员及民用工业动员的内涵不断丰富，功能不断拓展，已从传统的应战功能拓展到应战应急双重功能上，并涌现出了一些新的理论，如战区快速动员、精确动员、联合动员、一体化动员、渐进反应动员、敏捷动员、动员联盟、动员链及集成动员等。这些动员新理论的提出，表明随着现代信息技术的发展，为适应动员需求的突发性、多样性和复杂化等新变化，动员理论研究趋于更加注重和强调动员的敏捷性、柔性、融合性、系统性和精准程度。

第四，敏捷动员理论追求动员适应性和效率的目标取向，很好地契合了民用工业敏捷动员体系动态适应当前国家安全形势变化的内在需求，在理念、方向、组织形态和系统架构上均为研究民用工业敏捷动员体系提供了分析依据和框架。动员链理论可以清晰地解释民用工业动员活动组成环节、各环节间的相互关系和行动逻辑，为本书从流程角度认识和研究民用工业动员活动、完善民用工业动员链条、优化民用工业动员流程、构建民用工业敏捷动员体系、实现民用工业敏捷动员提供新的视角。

第五，系统论是从系统构建目标出发，分析民用工业敏捷动员体系的构成要素、结构和功能，梳理其系统层次，揭示其功能优化路径的认识论和方法论。纵观相关文献，当前学术界对动员体系尚未形成统一的界定，国内学者对于动员体系的研究多数还停留在研究动员体系的构成上，虽然也有部分学者开始强调动员体系的系统性和整体功能，但对于如何提高系统的整体功能以增强动员体系的适应性研究则不多见。在研究对象上，多数研究止于工业动员体系，对民用工业动员体系进行系统研究的成果极为少见，同时研究敏捷动员体系的文献也不多见。

第六，当前对动员体系建设的研究主要从四个方面展开：一是认为动员体系的建设应该不断完善动员体系的构成；二是动员体系的建设应该提高系统的平战转换能力；三是动员体系的建设应该实现应战应急的一体化；四是动员体系的建设应该促进军民融合。目前还没有发现研究敏捷动员体系建设的相关文献。

第七，对动员体系的建模研究多侧重于对动员体系某一方面的建模，同时针对不同研究内容和目的采用的方法也不同，但是应用 Petri 网的方法针对动员流程进行分析和研究的文献还不多见。本书选择 Petri 网方法对民用工业敏捷动员体系的动员流程进行建模，一方面是因为 Petri 网具有直观、易懂和易用的优点，可以用图形对系统的结构和运行进行描述，对分析具有顺序、异步、并发、冲突等现象的系统具有特殊的优势；另一方面是因为 Petri 网具有严格的数学定义，不仅可以对系统的静态结构进行描述，还可以对系统的动态行为进行分析，是动态系统建模的一种重要工具，有助于对动态的动员流程进行深入分析。

第2章 民用工业敏捷动员体系建设的基本理论研究

民用工业敏捷动员是现代信息化条件下应对高技术战争和各种非传统安全威胁对民用工业动员提出的新要求，民用工业敏捷动员体系是现代信息技术条件下民用工业动员体系的新发展，具有不同于传统技术条件下民用工业动员体系的内涵和特点。构建民用工业敏捷动员体系，不仅需要从理论上对民用工业敏捷动员体系进行清晰的界定，而且需要明确民用工业敏捷动员体系的建设目标和影响因子，以便为后续研究打下坚实的理论基础。

2.1 民用工业敏捷动员体系及其特征

2.1.1 民用工业

2.1.1.1 民用工业概念及分类

民用工业是民用工业敏捷动员的对象，是民用工业敏捷动员体系执行系统的重要构成要素，因此，有必要清晰地界定民用工业的概念、范围和分类。

民用工业是相对于军事工业而言的，与军事工业一起共同构成工业部门，是一个国家或地区最基本的物质生产部门。军事工业通常指直接为武装力量研制生产武器装备和军需用品的工业，主要包括兵器工业、电子工业、航空工业、航天工业、船舶工业、核工业及军需工业等①。当前，对民用工业尚无严格的界定，可以将其理解为以生产民用产品为主要目的，从事自然物质资源采掘和原材料加工、再加工的社会物质生产部门②，它是一个由许多相互联系、相互制约的工业部门组成的有机整体。

实践中，随着民用工业与军事工业融合程度的日益加深，很多军工企业在平时也生产大量民用产品，同时也有越来越多的民用工业企业参与军用产品的生

---

① 工业动员词典编委会. 工业动员词典 [M]. 北京：兵器工业出版社，1996.
② 工业包括哪些生产活动 [EB/OL]. [2014-05-14]. http：//www.docin.com/p-507227874.html.

产，而且许多产品实际上具有多种用途，既可民用、也可军用，因此，从产品生产主体和产品用途角度看，民用工业与军事工业并无明确的界限，二者的区分仅在于平时的生产目的。本书将民用工业作为研究对象，目的在于探讨如何使平时以满足民用为主要目标的工业部门快速、有序、适度转向并服务于应战应急需求。因此，本书从生产目的的角度将"民用工业"定义为：除军事工业之外，平时以生产民用产品为目的，从事自然物质资源采掘和原材料加工、再加工的社会物质生产部门的总和。

对民用工业的划分有多种视角和方式，按照产品的经济用途，可将民用工业分为轻工业和重工业，前者主要包括食品工业、纺织工业、皮革工业、造纸及文教用品工业等生活资料生产部门，后者主要包括冶金工业、电力工业、化学工业、机械工业、建材工业等生产资料生产部门。按照劳动对象性质，又可分为原材料工业和制成品工业，前者一般指钢铁、煤炭、有色金属、石油、建材和化工材料等开采自然资源或提供初级产品的部门，后者指对原材料产品及农副产品进行再加工的工业，如机械设备、电子仪器、家用电器、生活用品、食品等工业部门。按生产环节，也可分为采掘业、制造业和基础工业 3 个门类。我国的国民经济统计通常采用这种分类方法，表 2-1 列出了我国民用工业包括的 3 个门类，39 个大类结构[①]。

表 2-1 民用工业大类结构

门类	大类	名称	门类	大类	名称
B		采矿业	C		制造业
	6	煤炭开采和洗选业		13	农副食品加工业
	7	石油和天然气开采业		14	食品制造业
	8	黑色金属矿采选业		15	酒、饮料和精制茶制造业
	9	有色金属矿采选业		16	烟草制品业
	10	非金属矿采选业		17	纺织业
	12	其他采矿业		18	纺织服装、服饰业

① 国家统计局. 三次产业划分规定（国统字〔2012〕108 号）.〔EB/OL〕.（2013-01-14）〔2014-06-25〕. http：//www.stats.gov.cn/tjsj/tjbz/201301/t20130114_8675.html.

31

续表

门类	大类	名称	门类	大类	名称
		制造业			制造业
	19	皮革、毛皮、羽毛及其制品和制鞋业		34	通用设备制造业
	20	木材加工和木、竹、藤、棕、草制品业		35	专用设备制造业
	21	家具制造业		36	汽车制造业
	22	造纸及纸制品业	C	37	铁路、船舶、航空航天和其他运输设备制造业
	23	印刷类和记录媒介复制业			
	24	文教、工美、体育和娱乐用品制造业		38	电气机械及器材制造类
	25	石油加工、炼焦及核燃料加工业		39	计算机、通信和其他电子设备制造业
C	26	化学原料及化学制品制造业		40	仪器仪表制造业
	27	医药制造业		41	其他制造业
	28	化学纤维制造业		42	废弃资源综合利用业
	29	橡胶和塑料制品业			电力、热力、燃气及水的生产和供应业
	30	非金属矿物制品业		44	电力、热力的生产和供应业
	31	黑色金属冶炼及压延加工业	D	45	燃气生产和供应业
	32	有色金属冶炼及压延加工业		46	水的生产和供应业
	33	金属制品业			

由于各个民用工业大类的产品性质和用途不同，与应战应急需求的关联性具有较大差异。因而，本书认为，对于民用工业敏捷动员体系而言，不同的民用工业行业在民用工业敏捷动员体系中所处的地位和在敏捷动员过程中发挥的作用不同。其中，石化产业、设备制造业、采矿业、食品制造业、医药制造业、纺织业等行业与应战应急需求的关联更为密切，所含企业往往是动员的重点，在动员中发挥的作用更为重要，因而是民用工业敏捷动员的重点对象；而文教体育用品制造业、工艺品及其他制造业、废弃资源和废旧材料回收加工业等行业，与应战应急需求的关联度较低，对完成动员任务发挥的作用相对较小，因而是民用工业敏捷动员的补充或一般对象。

2.1.1.2 民用工业特点和趋势

自20世纪末开始，随着计算机和信息技术的广泛应用，人类对现存物质系统认知的飞跃性发展，使作为物质生产系统的工业日益高技术化、高信息化，呈现出不同于传统工业的新特点。同时，由于管理体制、运行机制和驱动力的差异，民用工业也有许多不同于军事工业的特征，清晰地理解和认知这些特点及其发展趋势是构建民用工业敏捷动员体系的重要前提。

（1）生产手段呈现强速化和自动化。这大大提高了工业生产的效率，使工业生产企业可以在较短的时间内组织大批量的产品生产活动，能够快速有效地完成上级下达的动员任务，契合了民用工业敏捷动员快速响应的要求。

（2）生产结构强调协调性和配套性。这主要指产业结构与规模结构的合理组成比例。现代工业日益强调其内部各产业门类的协调配套，注重生产能力的匹配和生产规模的耦合，从而大大提高了工业生产的系统性、整体性和协同性，为有效满足日益多样化的动员需求提供了重要保证。

（3）生产组织方式日益专业化、协作化和联合化。现代工业生产纵向垂直分工日益精细，单个企业生产的专业化程度日益提高，因而具有较高的劳动生产率，但同时也意味着单个企业仅能完成产品生产中的一个或几个环节，而最终产品生产目标的达成必须要多个企业的联合协作。这意味着，任何一项动员任务的实施都不能依赖单个独立企业，而必须将若干相关企业组织起来，形成具有上下游协作关系的企业联盟。

（4）管理手段和方法日趋信息化。随着新一代信息技术的应用，企业生产活动的组织和企业间、内部部门间的协调广泛采用信息网络技术和现代管理方法，不仅有效地提高了产品生产活动的组织和协调效率，而且进一步增强了企业和企业联盟应对外部环境变化的能力，为有效应对市场变化或完成动员任务提供了重要条件。

（5）企业员工结构进一步高素质化。现代科技迅猛发展，大批新技术、新工艺广泛应用，要求工业企业拥有大量素质高、技术熟练的生产工人、科技人员与管理人员。职工结构的这种高素质化趋势，为企业跟随科技和管理发展潮流，应对市场需求和环境变化奠定了基础。

本书认为，民用工业的上述特点和发展趋势，契合了民用工业敏捷动员体系对动员对象快速性、协同性、竞争性、有效性的内在要求，也为民用工业敏捷动员体系进行快速动员响应、开展适应性和适量性动员、降低动员成本、保障动员结果满意提供了基本前提，使构建民用工业敏捷动员体系成为可能。

2.1.2　民用工业敏捷动员

传统上认为，民用工业动员是国家为了满足战争需要，将民用工业由平时状态转入战时状态所进行的全部活动①。但当前，非传统安全威胁不断上升，并与传统安全威胁相交织，使国家战略安全环境和形势发生深刻变化。因此，有必要根据国家战略安全环境的变化，着眼更好地发挥民用工业动员的功能和作用，服务国家安全战略目标，进一步丰富和发展民用工业动员的理论内涵。一方面，改变局限于仅仅满足应战需求的功能定位，将应对各种非传统安全威胁纳入民用工业动员需求范围，进一步提高民用工业动员的适应性；另一方面，适应高技术条件下现代战争需求瞬息万变和非传统安全威胁突发、多样、动态等新特征的要求，将敏捷动员理念引入民用工业动员领域，进一步提高民用工业动员的效率。同时，考虑到平时对重点战略物资的储备基本上能够满足一般紧急需求，为此，将在紧急事件发生时，对各种民用工业产品和相关资源地调用也纳入民用工业动员的范畴中。基于此，本书认为，民用工业敏捷动员是指一个国家或地区为了满足应对紧急状态的需要，紧急调整和调用相关民用工业资源，或将民用工业快速、精确、动态、高效地由平时状态转入应急状态所进行的一系列活动。同时，与国民经济动员一样，民用工业敏捷动员也包括动员准备、动员实施和动员复员三个阶段。

与传统的民用工业动员相比，民用工业敏捷动员的概念着重强调了三点：一是强调动员目的满足应战应急需求；二是强调动员过程的快速、精确、动态和高效；三是将紧急事件发生时对民用工业相关资源地调整和调用纳入民用工业敏捷动员的范畴，扩大了民用工业敏捷动员的内涵。

2.1.3 民用工业敏捷动员体系

敏捷动员是在现代信息技术支持下，以动员联盟为核心，由政府管理，通过资源整合，实现快速、高效动员活动的动员模式②。本书将敏捷动员的思想引入民用工业动员体系，提出民用工业敏捷动员体系的概念如下：

民用工业敏捷动员体系是国家或地区为了满足应对紧急状态的需要，由政府建立并进行决策管理，以民用工业为动员客体、以现代信息技术为依托，由与民用工业敏捷动员活动相关的各要素按照一定的结构和运行规则组成的有机整体。对民用工业敏捷动员体系的理解应重点把握以下几个方面：

第一，民用工业敏捷动员体系是由与民用工业敏捷动员活动相关的各个要素按照一定的结构和运行规则构成的有机整体。这意味着，一方面，民用工业敏捷

---

① 陈德第，李轴，库桂生. 国防经济大辞典 [M]. 北京：军事科学出版社，2001.
② 孔昭君. 论敏捷动员 [J]. 北京理工大学学报（社会科学版），2005，7（1）：22-28.

动员体系是由确保民用工业敏捷动员活动顺利实施所必需的动员主体、动员客体以及动员支撑保障条件等相关要素共同构成；另一方面，各相关要素之间不仅在组织结构上具有一定的关系，而且在系统运行方面又遵守一定的规则。

第二，民用工业敏捷动员体系的主体是国家。以我国为例，根据《国防动员法》第三条、第八条以及第九条的规定，国家是民用工业动员的主体，全国人民代表大会及其常务委员会是民用工业动员的决策主体，国家主席是动员令的发布主体，中央政府及县级以上各级人民政府是动员的领导主体①。上述主体可以看成是民用工业敏捷动员体系的决策领导主体。此外，民用工业敏捷动员体系的动员主体，还包括协调管理主体，用于协调有关单位执行动员指令，完成动员任务。通常不同国家应根据本国国情设置相应的动员协调机构，以我国为例，各级国民经济动员办公室是民用工业动员的协调机构，在紧急事件发生时，负责协调各个被动员单位完成各自的动员任务，保障各类动员物资的超常规供给。在平时，即动员准备阶段，各级国民经济动员办公室负责民用工业敏捷动员的准备工作，包含编制动员预案、进行民用工业动员潜力调查、完善动员潜力数据库、开展民用工业敏捷动员演练等工作。

第三，民用工业敏捷动员体系以民用工业体系为动员客体，在动员实施过程中，通过调用相关的民用工业资源或动员必要的民用工业企业进行生产，保障供给超常规的、满足多样化紧急需求的动员产品。这就要求民用工业体系在结构上不仅要健全和完善，以满足复杂和多样的紧急状态需求，同时在体系运行上要具有足够的柔性和敏捷性，以适应紧急状态需求的突发性和超常规性的特征。

第四，民用工业敏捷动员体系以现代信息技术为依托。民用工业敏捷动员体系是一个在紧急事件发生时快速对紧急事件的危害程度做出科学判断并迅速响应，以便更好地解决危机，包含众多要素的复杂大系统。由于紧急事件的类型众多，其发生具有较强的随机性以及其危害程度具有不确定性，要想对动员需求进行准确的判断并形成科学的动员方案，如果不以现代信息技术为依托，是不可能实现民用工业敏捷动员目标的。

第五，民用工业敏捷动员体系是由政府建立并负责管理的。国家和地方各级政府是动员活动的决策者，也是动员活动的领导者、动员体系的建设者。明确的职责分工，科学的体系结构，高效的运行机制，再加上政府进行决策管理的权威，在很大程度上决定了民用工业敏捷动员体系的高效运转。

---

① 国防动员法解读 [EB/OL]. [2014 - 03 - 10]. http：//www. shanxigov. cn/n16/n40777/n45435/n57353/n127255/13469054. html.

总之，民用工业敏捷动员体系作为一个有机整体，不仅包括由国家及地方各级政府构成的动员决策领导主体以及由各级民用工业动员机构构成的管理协调主体，还包括作为动员客体的民用工业体系以及为保障民用工业敏捷动员有效实施的支持保障条件，如信息系统、动员法规系统等。

2.1.4　民用工业敏捷动员体系的特征

作为国民经济动员体系的一部分，民用工业敏捷动员体系除具有国民经济动员体系的一般特征外，还具有敏捷性的基本特征以及动员响应的快速性、动员任务的适应性、动员强度的适量性、动员成本的最小化和动员结果可靠满意等重要特征。

2.1.4.1　动员体系的敏捷性特征

民用工业敏捷动员体系最基本的特征是系统的敏捷性。系统敏捷性的本质在于其对外部环境的变化能及时响应。为此，民用工业敏捷动员体系的敏捷性可以理解为在不断变化、不可预见的外部环境的作用下，民用工业敏捷动员体系能够在体系的目标、结构、功能、运行方式等方面作出快速调整，迅速、灵敏、高效、低耗、主动、积极地对外界环境的变化进行响应，以满足动员需求，实现民用工业敏捷动员体系的目标。民用工业敏捷动员体系的敏捷性可以从以下几个方面理解[1][2]：①民用工业敏捷动员体系的敏捷性具有系统性特征，体系的各个构成要素以及各个环节均具有敏捷性，并形成一个有机整体；②民用工业敏捷动员体系的敏捷性是一种能力属性，反映了民用工业敏捷动员体系对外界环境变化的响应性、竞争性、柔性和快速性；③敏捷性是动态的，能够根据环境变化的需要，随时对体系的目标、结构、功能、运行方式等作出快速调整；④民用工业敏捷动员体系的敏捷性具有可重构性、可重用性和可扩充性。

从上述分析可以发现，民用工业敏捷动员体系敏捷性的实现，一方面取决于各个动员主体的敏捷性，另一方面取决于动员客体，即被动员企业的敏捷性，同时还受到民用工业敏捷动员体系的整体结构、动员决策和动员实施流程、现代科技手段等方面的影响。其中，动员主体以及动员客体的敏捷性是民用工业敏捷动员体系敏捷性的基础，现代科技手段是实现民用工业敏捷动员体系敏捷性的重要条件，民用工业敏捷动员体系的整体结构决定了体系对资源的整合能力，动员决

①　董平. 敏捷动员模式下国民经济动员潜力评价体系及方法研究 [J]. 北京理工大学学报（社会科学版），2005，7（5）：3-5.

②　周和荣. 敏捷虚拟企业——实现及运行机理研究 [M]. 武汉：华中科技大学出版社，2007.

策和动员实施流程决定了动员的效率。因此，在科技水平和动员主体以及动员客体能力既定的情况下，体系的整体结构和动员流程对提高民用工业敏捷动员体系的敏捷性具有决定性影响，这也是本书将要重点讨论民用工业敏捷动员体系的组成结构和敏捷动员流程的原因。

2.1.4.2　动员响应的快速性特征

民用工业敏捷动员体系的一个重要特点是能够对紧急事件的发生进行快速响应。依靠体系自身高度发达的信息技术，民用工业敏捷动员体系能够及时预报紧急事件，快速识别、分析和判断紧急事件的危害程度，迅速对紧急事件进行响应，确保快速完成动员任务。

2.1.4.3　动员任务的适应性特征

动员任务的适应性是指民用工业敏捷动员体系能够满足不同类型、不同程度的动员需求的能力。就民用工业敏捷动员体系而言，能够根据不同的紧急事件类型、不同的动员需求迅速筛选动员要素，组建动员联盟，实现对各类动员资源的快速和科学调度或对动员产品的快速生产，保障动员任务的快速落实，因而具有较强的适应性。

2.1.4.4　动员强度的适量性特征

动员强度的适量性是指民用工业敏捷动员体系能够根据紧急事件的规模及危害程度进行适度动员，保证紧急供给接近紧急需求或与需求一致的能力。一方面，民用工业敏捷动员体系能够根据紧急事件的类型和特征科学地形成、分解和分配动员任务；另一方面，承担动员任务的单位能够适时地对单位内的组织、人员、物资、生产流程和生产工艺等进行合理调整，确保动员产品能够在要求的时间内足额、适量生产。因此，民用工业敏捷动员体系具有较强的适度动员能力。

2.1.4.5　动员成本的最小化特征

动员成本最小化特征是指民用工业敏捷动员体系在动员实施过程中，能够在规定时间内以最低的物质资源消耗完成动员任务的能力。该特征以动员强度适量性特征为基础，通过适度动员、精确分配、密切跟踪和充分利用动员产品和资源，实现以最小的动员范围达成最大的动员效果，以最小的动员资源投入获取最大的动员效益，因此，可以最大限度地节约资源，使动员成本降到最低。

2.1.4.6　动员结果可靠满意特征

动员结果的可靠性是指民用工业敏捷动员体系在应对各类紧急状态时，能够将所需的各类动员物资按质按量、及时准确地送达到目的的能力。动员结果满意是指民用工业敏捷动员体系通过快速和适度动员，以较低的成本满足动员需求，完成动员任务的一种状态。民用工业敏捷动员体系的敏捷性、动员响应快速性、动员任务适应性、动员强度适量性以及动员成本最小化的特征，保证了动员结果的可靠满意。

2.2　民用工业敏捷动员体系建设的目标要求

民用工业敏捷动员体系在不同的动员阶段具有不同的动员目标。在动员准备阶段，就是增强民用工业敏捷动员基础；在动员实施阶段，就是敏捷、高效地完成动员任务；在复员阶段，就是平稳地恢复到常态。从总体上看，构建民用工业敏捷动员体系的根本目的在于快速满足高技术条件下现代战争以及各种非传统安全威胁爆发所产生的应战应急需求，这种需求往往具有突发性，种类繁多且强度不同。由于民用工业在常态下以生产民用产品为目的，其产品种类、生产节奏和组织方式与满足应战应急需求存在巨大差异，因此，这就存在一个平战转换问题。而且满足应战应急需求必然导致其正常的生产经营活动中断，这是对经济系统的非正常扰动。因此，本书认为，根据民用工业敏捷动员体系的内涵及其敏捷性要求，构建民用工业敏捷动员体系应基于四个基本目标，即能够快速实现平战转换、能够满足多样化的动员需求、能够适应不同强度的动员要求、尽可能降低对经济系统的扰动。

2.2.1　快速实现平战转换

民用工业敏捷动员是为了满足各种紧急状态的需要在民用工业中快速、精确、动态、高效实施的一系列动员活动。这就要求民用工业敏捷动员体系不仅能够在第一时间发现紧急事件的发生，迅速识别紧急事件类型、危害等级，明确动员需求，而且能够动态、灵活、快速、可重构地响应环境变化，在最短的时间内做出反应，快速实施动员，阻止事态扩大。为此，构建民用工业敏捷动员体系必须确保其能够根据不同的紧急事件采取相应的动员，快速实现由平时状态向紧急状态的转换。

2.2.2　满足多样化动员需求

现阶段，民用工业动员具有应战应急双重功能。从应战的角度看，不仅需要大量的武器装备，而且需要大量的燃料、药品及救护设备、食品及生活用品、运输设备、工程装备等后勤保障物资，涉及金属矿开采、能源开采、金属冶炼、装备制造、石油化工、医药工业、纺织服装、食品工业等众多民用工业门类。从应急的角度看，由于非传统安全威胁的因素众多，产生的危害后果不同，因此，所产生的动员需求也不同。以抗震救灾为例，所需的动员物资即达八个大类五十多种形式上万个品种①。可见，无论应战还是应急，动员需求都呈现出广泛性的特征。因此，要求民用工业敏捷动员体系应能够根据紧急事件的特点，灵活地调整体系结构，生产多样化的动员产品，满足多样化的动员需求。

2.2.3　适应不同强度动员需求

高技术条件下的现代战争消耗十分庞大，数量十分惊人，基本上以几何级数的形式增长。从物资消耗来看，海湾战争比第二次世界大战提高了 20 倍，比朝鲜战争提高了 10 倍，比越南战争提高了 7.5 倍，比第四次中东战争提高了 4.2 倍，比马岛战争提高了 3.5 倍。战争期间，仅美军消耗的各类物资就达到了 3000 多万吨、17000 余种，其地面部队的物资消耗达到人均 200 多公斤，航母编队的物资消耗达到人均 1.1～1.38 吨②。与此同时，频繁发生的非传统安全威胁不仅种类较多，而且危害程度不尽相同，由此产生的动员需求结构和需求量也不同。这就要求民用工业敏捷动员体系能够根据不同紧急状态的需求进行适量动员，既不能动员过度，也不能动员不足③。

2.2.4　降低对经济系统的扰动

尽可能降低对经济系统的扰动是构建民用工业敏捷动员体系时需要达到的又一目标。民用工业敏捷动员体系包括众多构成要素，各个构成要素之间关系比较复杂，可以想象，这样庞大的系统一旦启动，其运行成本极高。民用工业动员实际上是为应对紧急事件，对民用工业系统实施的人为干预，这种干预程度越大，对经济发展的影响也越大，越不利于复员阶段经济系统的恢复和后续发展。为此，构建民用工业敏捷动员体系时，如果能够将该动员体系最小化，特别是在执行不同动员任务时都能够根据每次动员任务的不同特点和需求随机构建不同的、最小的敏捷动员体系，不仅可以相应地提高系统的运行效率，降低体系运行成本，而且可以最大限度地降低对经济系统的干扰。

---

① 张培静. 抗震救灾物资供应的适应性研究——以汶川地震救灾物资供应为例 [D]. 西南交通大学硕士学位论文, 2010.

② 彭光谦, 郑艳平. 现代战争的发展特点和规律 [N]. 中国国防报, 2003-03-18 (B3).

③ 刘瑞, 程卫平, 刘勇. 国民经济动员指标体系三探　动员适度规模指数 [J]. 军事经济研究, 2000 (2)：28-31.

2.3 民用工业敏捷动员体系建设的影响因子

要实现民用工业敏捷动员体系的建设目标，必须清晰地认知并充分考虑影响民用工业敏捷动员体系的相关因子。从理论和实践两个方面综合分析，本书认为，动员需求、安全战略、动员对象、制度环境及信息技术条件等是影响体系建设的主要因子（见图2-1）。

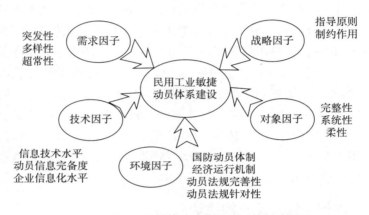

图 2-1　民用工业敏捷动员体系建设的影响因子

2.3.1 需求因子

民用工业敏捷动员体系最基本的功能是能够在紧急事件发生时，快速高效地实施动员，满足动员需求。因此，应战应急需求是影响民用工业敏捷动员体系构建的最重要因素，特别是动员需求产生的突发性、动员需求类型的多样性以及动员需求规模的超常性特征，对民用工业敏捷动员体系的构建具有重要影响。

（1）需求产生的突发性。民用工业敏捷动员体系具有应战应急的双重功能，不论是战争还是紧急事件，其发生都具有一定的突然性，随之而产生的紧急需求也呈现出突发性的特征。突发的紧急需求要求民用工业敏捷动员体系具有快速反应能力。

（2）需求类型的多样性。民用工业敏捷动员体系具有应战应急双重功能，从目前已经发生的紧急事件看，不仅紧急事件类型多种多样，紧急需求的种类更是繁多。多样性的动员需求要求民用工业敏捷动员体系能够提供多样化的动员产品，具有满足多样化紧急需求的能力。

（3）需求规模的超常性。突发的紧急事件通常会对某些产品产生超常规的动员需求，而在紧急事件响应结束时，对该产品的需求基本上又会回到从前的状态，这就要求民用工业敏捷动员体系具有较高的柔性，不仅能满足紧急情况下的超常规需求，同时还能在紧急事件结束后使系统迅速复员。

2.3.2　战略因子

国家安全战略是保障国家安全和实现国家根本政治任务的方略，它起着协调和指导国家力量，保卫国家领土主权完整和实现社会稳定的重要作用[①]。国家安全战略对民用工业动员体系建设既有指导作用又有一定的制约，不同国家在不同的安全环境下会有不同的安全战略，不同的国家安全战略对民用工业敏捷动员体系建设的影响有较大差异。

2.3.2.1　国家安全战略的地位和作用

作为国家安全方面的最高战略，国家安全战略对民用工业动员的准备和实施、对民用工业动员体系的构建起着重要的指导作用。首先，实现国家安全战略目标需要强大的物质力量作后盾，民用工业动员的功能就是在紧急情况下动员民用工业企业进行应急生产，以保障实现国家安全战略目标时的各种物质需要，因而民用工业动员是实现国家安全战略目标的重要手段。其次，国家安全战略是民用工业动员的指导原则，它规定了国家安全的总目标和实现这一目标必须遵循的指导思想、行动方针和战略部署，民用工业动员作为保障国家安全的重要手段，无论是动员体系的构建还是动员活动的准备和实施，都必须在国家安全战略的指导下进行。同时，国家安全战略对民用工业动员的实施还具有一定的制约作用：①国家安全战略制约民用工业动员准备的地位、规模和方式；②国家对安全形势的估量制约民用工业动员实施的时机和范围；③国家安全战略方针和部署制约民用工业动员准备的各种具体措施[②]。因而，国家安全战略是影响民用工业敏捷动员体系建设的重要因素之一。

2.3.2.2　国家安全战略的差异

由于安全环境、安全观和战略文化的不同，不同国家或地区有不同国家或地区的安全战略；同一个国家在不同的历史和发展阶段，由于国家安全利益、国家实力和战略环境的变化，其国家安全战略也会因时而变。概括起来，从主动性角度，国家安全战略可分为主动型和被动型；从功能角度，国家安全战略可分为单一功能型和双重功能型。但在实践中，这种划分并没有明确的界限，因而不是绝

①②　陈德第，库桂生. 国民经济动员——基本理论和历史经验的研究［M］. 北京：长征出版社，1995.

对的。事实上，各国的安全战略都在顺应安全环境的变化而不断演进或转换。纵观世界各国安全战略的差异和变化，21世纪之前，世界范围内非传统安全威胁问题并不突出，因而多数国家的安全战略相对被动且功能相对单一，主要目标是应对可能发生的战争威胁。进入21世纪后，随着各种非传统安全威胁发生的日益频繁，世界各国的安全战略日趋向应战应急一体化转变，而且其主动性进一步提高，其指导思想、行动方针和战略部署逐步战略前移，更多关注各种安全威胁的预防。

2.3.2.3 国家安全战略差异对体系构建的影响

不同的国家安全战略对民用工业敏捷动员体系建设具有不同的要求。主动型国家安全战略更多地强调对可能影响国家安全的紧急事件的预判、预测和预防，注重通过政治、经济、外交等多种手段将各种国际国内矛盾化解于无形，注重利用现代技术和工程手段预测和防范各种自然灾害的发生，注重通过应急体系建设和应急预案的制定提高对各种紧急事件的应对和处置能力，因此，其整体上对民用工业敏捷动员体系的敏捷性有着较高的要求，注重平时建立较充分的物资和生产能力储备，因而民用工业动员体系在紧急事件发生初期的响应速度较快，动员能力较强。但这种安全战略要求平时进行较大规模、较多类型的动员物资储备，部分民用工业企业或其联盟随时处于待命状态，因而对平时的经济系统运行存在一定程度的扰动，可能造成部分生产能力闲置和资源浪费。

被动型国家安全战略则更多地强调对各种安全事件的被动应对，因而要求民用工业动员体系具有更好的敏捷性，一旦影响国家安全的重大紧急事件发生，要求民用工业体系能够快速地从平时状态转入战时或应急状态。单一功能型安全战略由于其主要目标是应对可能发生的战争威胁，所需要的保障物资种类相对较少，在这种安全战略下的民用工业敏捷动员体系的规模相对较小，同时由于战争威胁的发生频率相对较低，因而对经济系统的扰动也相对较少。双重功能型国家安全战略由于其安全保障目标拓展到了种类繁多且频繁发生的非传统安全领域，因而其所要求的民用工业动员体系更为庞大、结构更为复杂、敏捷性要求也更高。

2.3.3 对象因子

民用工业体系是民用工业敏捷动员体系的主要动员对象，民用工业体系的完备程度以及内部结构的系统性程度是决定民用工业敏捷动员体系能否满足民用工业动员需求多样性的重要因素，民用工业体系的灵活程度（或柔性程度）是决定民用工业敏捷动员体系能否满足超常规动员需求的重要决定因素。

2.3.3.1　民用工业体系的完整性

1956 年 11 月 10 日，周恩来在八届二中全会上提出，一个基本完整的工业体系要能够生产足够的主要原材料；能够独立地制造一般的机器、重型机器和精密机器以及新式的保卫国家的武器，还要有相应的化学工业、动力工业、运输业、轻工业和农业等①。

对民用工业体系完整性的理解，应站在国家高度并应看到它的相对性。本书认为，相对完整的民用工业体系指的是一个国家能够生产足够的主要原材料，能够独立地制造大型、重型和精密机器设备，能够为国防工业提供充分必要的原材料、构件、部件及零件，还应有相对完备的动力工业、化学工业、医药工业、纺织工业、食品工业等。相对完整的民用工业体系不仅能基本上满足一个国家扩大再生产和国民经济技术改造的需要②，满足国防工业的需要，还能生产各种消费品，满足人民生活水平不断提高对物质文化的需要。相对完整的民用工业体系能够生产和提供各种各样的民用工业产品，对于快速、有效、可靠地满足多样性的民用工业动员需求具有重要的意义，是影响民用工业敏捷动员体系建设的重要因素。

2.3.3.2　民用工业体系的系统性

民用工业体系的系统性主要从体系结构以及体系内部各产业的关联和优化程度两方面来考察。其中，体系结构是指民用工业体系内部各产业部门之间以及各产业部门内部的构成，包括产业结构本身以及产业的技术结构、产业布局、产业组织和产业链五个要素③。通常，为了一国经济的稳定发展，要求有能够保障国家安全和威望的产业。产业关联主要是指在经济活动中，民用工业各产业之间存在的广泛的、复杂的和密切的技术经济联系④，这种联系形成了民用工业内部的关联结构，即各个民用工业部门之间的相互依存、相互制约的构成比例关系⑤。民用工业体系的系统性从一个侧面反映了体系内部产业之间的供需关系，反映了民用工业产品生产是否能够借助于体系内部其他部门的力量在体系内部得以实现，是衡量民用工业体系能否满足突发、多变和超常量的民用工业动员需求的重要标志。

———————

①　周恩来. 周恩来选集（下卷）［M］. 北京：人民出版社，1984.

②　张乾元. 独立的比较完整的工业体系和国民经济体系的建立及其意义［J］. 思想理论教育导刊，2009（11）：31-36.

③　百度百科. 产业结构［EB/OL］.［2013-01-30］. http://baike.baidu.com/view/61661.htm.

④　百度百科. 产业关联［EB/OL］.［2013-01-30］. http://baike.baidu.com/view/1344977.htm.

⑤　汪芳，赵玉林. 湖北省高技术产业内部关联结构研究［J］. 科技创业，2006（10）：25-27.

2.3.3.3　民用工业体系的柔性

在工业生产和管理领域中，"柔性"一词最早出自于日本丰田汽车公司首创的"柔性制造系统"（Flexible Manufacture System），该系统是指一种具有应付变化环境或（和）环境带来的不稳定的能力的生产系统①。针对柔性的研究开始于20世纪30年代，但是管理领域对柔性的研究，则是从20世纪80年代开始的，虽然针对柔性研究的领域不断拓展，但是对柔性内涵的界定尚未统一②③④。目前，对柔性的普遍认同是组织应对外部环境不确定性的一种能力。

本书在这里将民用工业体系的柔性理解为在内、外部环境变化，从而导致外部需求发生变化的情况下，民用工业体系能够通过体系结构、人员组织、生产运作方式等领域的重组和改革，对内、外部环境变化做出快速反应，同时消除冗余损耗，使体系获得较大效益的能力。简单地说，就是民用工业体系快速、低成本地从提供一种产品转换为提供另一种产品的能力。柔性的提升需要体系内部软、硬件系统的协同配合。民用工业体系的柔性，在很大程度上决定了民用工业敏捷动员体系适应突发性、超常规性民用工业动员需求的能力，是影响民用工业敏捷动员体系建设的又一重要因素。

2.3.4　环境因子

这里的环境因子是指体制、机制、政策和法规等方面的环境，主要有国防动员体制、经济运行机制、动员政策法规等。

2.3.4.1　国防动员体制

国防动员体制是国家为组织领导国防动员而建立的机构和制度体系，通常包括国防动员决策组织、信息传递机制、行为控制机制以及激励机制四个基本要素。其中，国防动员决策组织决定是否进行动员以及动员规模，是决定国防动员的核心和最高机构；信息传递机制规定国防动员活动中各种信息的传递、扩散和反馈方式；行为控制机制主要对国防动员活动中所有承担国防动员任务的组织和公民的行为进行约束；激励机制通常通过物质激励和/或精神激励，激励动员任

---

①　董华. 柔性管理初探 [J]. 甘肃社会科学，2001（5）：41-43.

②　Zelenovic D M. Flexibility—A Condition for Effective Production Systems [J]. International Journal of Production Research，1982（3）：319-337.

③　夏帆. 服务柔性对企业经营绩效影响的实证研究——以在杭钢铁流通企业为例 [D]. 浙江工商大学硕士学位论文，2008.

④　张云波，武振业，杨成连. 供应链柔性系统集成模型 [J]. 西南交通大学学报，2004，39（4）：244-247.

务承担者的内在责任感和积极性，以便更好地实现动员目标①。上述四个方面的因素相辅相成、缺一不可，共同构成一套完整的国防动员体制，并形成相应的国防动员机制。

民用工业动员是国防动员的重要组成部分，国防动员体制是否完善，是否具备顺利开展各项动员活动的体制和机制，对民用工业敏捷动员体系的建设具有重要的制约作用。

2.3.4.2　经济管理体制

经济管理体制是国民经济运行中调解中央和地方、国家和企业、企业和个人之间各种经济权限和经济利益关系的一系列法律、法令、法规和制度的总称，是经济关系制度化的表现形式。民用工业是在一定的经济管理体制中运行的，民用工业动员是在一定的经济管理体制下实施的，是国家在紧急时期采取的一种非常措施，这种措施通过改变一定时期内经济管理体制的形式，改变民用工业的社会功能，保障应急需要，一方面，经济管理体制是民用工业动员的对象以及民用工业动员实施的依据；另一方面，经济管理体制又对民用工业动员的决策方式、组织方式以及实现方式产生制约作用。此外，经济管理体制的所有制结构还制约着民用工业动员的实际承担者。实践证明，公有制经济下民用工业动员的承受力较强、动员效率较高②。

可见，民用工业动员措施可以改变经济管理体制中某些不适应应急要求的部分，但不能完全脱离现存的经济管理体制，只能适应经济管理体制。因此，民用工业动员的一切措施必须同经济管理体制相适应，民用工业敏捷动员体系的构建也必须适应现行的经济管理体制③。

2.3.4.3　国防动员法规环境

国防动员法规是国家国防法规体系中的一个类别，是国家为了维护主权安全和领土完整以及应付其他紧急突发事件而规范国防动员活动的法律规范的统称，其主要目的是用来调整与规范军需与民用、平时与战时的转化行为，包括法律、法令、条令、条例、规定、规则、章程等④。

国防动员法规的形式和门类众多，但一般必须包括以下内容：第一，明确规定动员主体及其职责、权力，使动员主体的行为具有严肃性、权威性和责任性；第二，对动员对象及其行为义务和权益进行法律规范；第三，必须规定动员程序

①　刘建军. 工业动员概论 [M]. 长春：吉林人民出版社，2001.
②③　王成敏. 国民经济动员潜力释放 [D]. 北京理工大学博士学位论文，2010.
④　武志希. 国防动员概论 [M]. 长春：吉林人民出版社，2001.

和原则，明确其任务及标准；第四，规定动员行为的法律责任。可见，完善的国防动员法规具有效力权威性、形式多样性、内容周延性等特点，是开展依法动员和高效动员的有力保证，是影响民用工业敏捷动员体系建设的重要因素。

2.3.5 技术因子

技术水平是决定企业生产能力的基础性因素。对民用工业敏捷动员体系而言，其不仅受企业技术水平的影响，而且受信息传递技术的影响。信息基础设施制约着一个国家或地区的信息化水平；信息技术水平是实现民用工业敏捷动员体系敏捷性的基本条件；动员信息的完备程度和企业的信息化程度不仅决定企业的生产能力、响应速度和生产柔性，还决定着动员信息传递的速度和质量，是决定民用工业敏捷动员体系及其敏捷性的重要因素。

（1）信息技术水平。信息技术是对管理和处理信息所采用的各种技术的总称。先进的信息技术不仅有助于准确预报和识别警情信息，科学分析动员需求，合理分解和落实动员任务，有效辅助动员决策，而且还有助于快速传递动员信息，跟踪检测动员物资和产品，因而，信息技术水平的高低对民用工业敏捷动员体系的建设具有重大影响。

（2）信息基础设施水平。信息基础设施是指一个集成的、覆盖整个国家或地区的信息设施的总称，是连接整个国家或地区的政府机构、企业、学校和家庭，是全部公用的及专用的、政府的及企业的高速交互式的窄带的乃至宽带的网络集合。高水准的信息基础设施能够为机构和个人提供随时随地随意的信息服务，因而是实现民用工业敏捷动员体系敏捷性的重要条件。

（3）动员信息完备程度。动员信息类型十分广泛，不仅包括动员指令信息，还包括动员反馈信息；不仅包括动员单位的潜力信息，还包括动员单位的现状信息；不仅包括动员决策信息，还包括辅助决策信息。不同类型的动员信息，对动员活动的影响不同。动员指令信息是实施动员的依据，是确保动员需求满足的基础；动员反馈信息是下级对上级、后续环节对前一环节传递的信息，是动员体系对动员过程进行监督、控制的依据；动员潜力信息是不同被动员单位能够挖掘的最大潜力数据，与被动员单位的现状信息共同决定被动员单位的数量和范围。决策信息对于快速实施动员意义重大，而辅助决策信息对于形成正确的动员决策具有重要意义。因此，各类动员信息的完备程度是影响民用工业敏捷动员体系构建的又一重要因素。

（4）企业信息化程度。企业信息化实质上是将企业的生产过程、物料移动、事务处理、现金流动、客户交互等业务过程数字化，通过各种信息系统网络加工生成新的信息资源，提供给各层次人员洞悉、观察各类动态业务，以便作出有利于生产要素组合优化的决策，使企业资源合理配置，适应瞬息万变的市场环境，求得最大的经济效益①。企业的信息化程度越高，越具有生产经营活动柔性，因而满足突发、多变和超常规量动员需求的能力也就越强。

2.4　本章小结

本章从界定民用工业敏捷动员体系相关概念入手，讨论民用工业敏捷动员体系的特点，分析民用工业敏捷动员体系的建设目标和影响因子，为后续民用工业敏捷动员体系的构成和敏捷动员流程的研究奠定了坚实的理论基础。

（1）讨论了民用工业的概念。本书认为民用工业是除军事工业之外，平时以生产民用产品为目的，从事自然物质资源采掘和原材料加工、再加工的社会物质生产部门的总和，是民用工业敏捷动员的对象和民用工业敏捷动员体系执行系统的构成要素。当前，民用工业正在向手段强速化和自动化、结构协调性和配套性、组织专业化和协作化、管理手段和方法信息化、员工高素质化方向发展，是民用工业敏捷动员的产业基础。

（2）明确了民用工业敏捷动员以及民用工业敏捷动员体系的内涵。本书认为民用工业敏捷动员是指一个国家或地区为了满足应对紧急状态的需要，紧急调整和调用相关民用工业资源，或在民用工业中快速、精确、动态、高效实施的由平时状态转入应急状态所进行的一系列活动；而民用工业敏捷动员体系是国家或地区为了满足应对紧急状态的需要，由政府建立并进行决策管理，以民用工业为动员对象，以现代信息技术为依托，由与民用工业敏捷动员活动相关的各要素按照一定的结构和运行规则组成的有机整体。

（3）讨论了民用工业敏捷动员体系的特点。本书认为敏捷性是该体系最基本的特征，动员响应的快速性、动员任务的适应性、动员强度的适量性、动员成本的最小化和动员结果的可靠满意是民用工业敏捷动员体系的重要特征。对民用工业敏捷动员体系的特征分析不仅有助于深入理解民用工业敏捷动员体系的内涵，同时也为提出民用工业敏捷动员体系的建设目标奠定了基础。

（4）提出了民用工业敏捷动员体系建设的目标要求。快速实现平战转换的建设目标要求民用工业敏捷动员体系能快速识别紧急事件类型，并据此进行动员

---

① 百度百科. 企业信息化［EB/OL］. ［2013-12-11］. http：//baike. baidu. com/link? url＝YeGaPo-Nir3Fgx2dWiaQ 7ZpJOaRuJcgvmKsXdW4bzno_ CjYXIOJky3heiWLn3vo4L5WvywC_ Yo0bZK_ Yn91CpDa.

响应；满足多样化动员需求的建设目标要求民用工业敏捷动员体系能科学筛选动员体系要素，快速组建动员联盟，确保完成动员任务；适应不同强度动员需求的建设目标要求动员体系具有层次性的结构特征；降低对经济系统扰动的建设目标要求动员体系的构成单元尽可能最少、体系规模尽可能最小。

（5）从需求、战略、对象、环境以及技术等方面分析了影响民用工业敏捷动员体系建设的因素。本书认为需求产生的突发性、需求类型的多样性、需求规模的超前性是影响体系建设的需求因子；国家安全战略的地位和国家安全战略的差异性是影响体系建设的战略因子；民用工业体系的完备性、系统性和柔性是影响体系建设的对象因子；国防动员体制、经济管理体制和政策法规环境是影响体系建设的环境因子；信息技术水平、信息基础设施水平、动员信息完备程度和企业信息化程度是影响体系建设的技术因子。

第3章 民用工业敏捷动员体系的构成及运行机理

民用工业敏捷动员体系是一个复杂的大系统，明确其构成要素以及各构成要素之间的相互关系，了解各个构成要素的功能，进而明确各个构成要素在一定环境下相互联系、相互作用的运行规则和原理，厘清体系的运行机理，对分析民用工业敏捷动员流程，促进民用工业敏捷动员体系建设具有重要意义。

3.1 民用工业敏捷动员体系的构成

民用工业敏捷动员体系建设的目标是快速实现平战转换、满足多样化动员需求、适应不同强度动员需求以及降低对经济系统的扰动。一方面，从功能上要求民用工业敏捷动员体系能快速识别紧急事件类型，并据此科学筛选动员体系要素，快速组建动员联盟，确保完成动员任务；另一方面，从构成上要求民用工业敏捷动员体系具有层次性的结构特征，并要求动员体系的构成单元尽可能最少、体系规模尽可能最小。考虑到民用工业敏捷动员体系建设的各种影响因子，本章将从理论上探讨民用工业敏捷动员体系的构成要素以及各构成要素之间的相互关系，形成民用工业敏捷动员体系的结构框架，并运用这一框架分析我国民用工业动员体系的组织结构，发现问题，提出改进建议。

3.1.1 构成要素分析

根据民用工业敏捷动员体系的内涵，首先，民用工业敏捷动员要由政府进行动员决策，明确动员时机和任务，并对动员活动及过程进行管理和协调，因而其应当包括动员决策领导和动员管理协调两个分系统；其次，动员任务必须由相关民用工业企业或由这些企业以适当方式组成的联盟来完成，因而其应当包含一个旨在完成动员任务的执行分系统；最后，动员活动的实施以及动员任务的完成离不开动员计划、政策法规、信息技术、物资储备、研发维护、基础设施等相关要素的支撑和保障。因此，本章认为，从构成上看，民用工业敏捷动员体系应当包括民用工业敏捷动员决策领导、民用工业敏捷动员管理协调、民用工业敏捷动员执行和民用工业敏捷动员支持保障四个分系统。其中，决策领导分系统和管理协调分系统是民用工业敏捷动员体系的主体要素，动员执行分系统是民用工业敏捷动员体系的客体要素，动员支持保障分系统是动员活动的基础支撑。

3.1.2 体系结构分析

从系统构建的原则上看，民用工业敏捷动员体系的结构应该满足整体性、层次性和最优化三个原则。因此，本书认为民用工业敏捷动员体系应该具有如图3-1所示的结构。在该结构中，四个分系统之间互相联系，为整个系统功能更好地发挥奠定了基础。同时，各个分系统内部又需要分层构建，该内容详见3.1.4节。

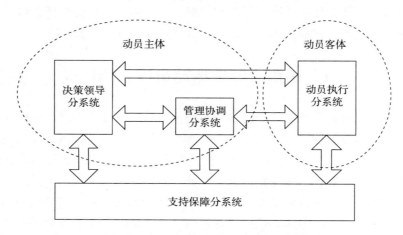

图3-1 民用工业敏捷动员体系结构框架

3.1.3 系统功能分析

3.1.3.1 分系统的基本功能

为了高效开展民用工业敏捷动员活动，民用工业敏捷动员体系的四个分系统必须进行合理分工和协作，为此，需要明确界定各个分系统的基本功能。

民用工业敏捷动员决策领导分系统是民用工业敏捷动员体系的核心，是决定民用工业敏捷动员准备、实施和复员的主体。该分系统应该具备以下功能：①在危机事件发生时，下达动员指令，宣布实施民用工业敏捷动员；②在动员任务完成后及时下达复员指令，宣布民用工业敏捷动员复员；③明确管理协调分系统的职能并赋予其相关权力；④对管理协调分系统和动员执行分系统的工作进行指导和监督；⑤征集和调动必要的战略资源确保民用工业敏捷动员任务的执行；⑥颁布有关动员法律、法规，出台与动员活动相关的政策，制定有关动员计划和规划，不断健全和完善动员支持保障分系统。

管理协调分系统的主要功能是在决策领导分系统的领导下，对各类民用工业敏捷动员活动进行协调和有效管理。一方面，要协调和管理动员执行分系统的动员活动，确保民用工业敏捷动员活动有序开展，并随时向决策领导分系统反馈民用工业敏捷动员活动情况；另一方面，根据决策领导分系统的要求，制定各类民用工业敏捷动员计划、动员预案，并要求、指导和监督动员执行分系统制定相关敏捷动员计划和动员预案，促进支持保障分系统不断健全和完善。

动员执行分系统的功能是按照决策领导分系统的动员指令，在管理协调分系统的协调管理和指导下以及支持保障分系统的支持下，通过系统内部的分工协作，高效有序地执行并完成敏捷动员任务，并与决策领导、管理协调、支持保障三个分系统进行信息传递和反馈。

支持保障分系统的功能主要是为民用工业敏捷动员决策领导、管理协调和动员执行分系统的工作以及各级各类民用工业敏捷动员活动提供法律、基础设施、技术、信息等方面的支持和保障。这就要求在动员准备阶段，根据决策领导分系统的动员决策，按照管理协调分系统的统一部署和动员执行分系统的保障需求，加强支持保障分系统的建设，提高分系统的支持保障能力。

综上所述，构成民用工业敏捷动员体系的四个分系统分别具有不同的功能，同时，各个分系统之间在结构和功能方面又具有密切的联系，这些联系表现出串行、并行、双向反馈和非线性的特征，是民用工业敏捷动员体系敏捷性的内在要求和本质特性的体现。

3.1.3.2　民用工业敏捷动员体系在不同阶段的功能

由于民用工业敏捷动员体系是一个非常态系统，其在平时和紧急状态下的运行状态和任务存在巨大差异，因而对其功能的讨论必须置于民用工业敏捷动员活动的不同阶段。

（1）动员准备阶段的功能。在动员准备阶段，民用工业敏捷动员决策领导分系统通过对支持保障分系统所提供的必要信息进行分析，下达当前阶段甚至较长时期内的动员准备工作目标及任务。管理协调分系统以及动员执行分系统接到动员决策领导分系统的指令后依据本系统的特点确定本系统在动员准备阶段的建设目标及建设任务，开展相应的动员准备活动；同时动员执行分系统按阶段和要求向管理协调分系统上报有关动员准备工作的开展情况以及存在的问题，管理协调分系统处理其能解决的问题，将其不能解决的问题进行汇总后上报决策领导分系统。此外，在动员准备阶段，有关动员主体和客体还需不断健全和完善支持保障分系统所含的各个子系统。

（2）动员实施阶段的功能。在动员实施阶段，决策领导分系统通过分析来自于支持保障分系统的警情信息，形成动员决策，并根据有关法律的规定发布动员指令。管理协调分系统在接到动员指令之后迅速对动员执行分系统的动员执行单位进行潜力核实，根据潜力核实结果以及动员任务选择动员联盟成员，组建民用工业敏捷动员联盟。敏捷动员联盟成立后，管理协调分系统要向各个联盟成员（动员执行单位）分配动员任务，并指导协助各个动员单位完成相关动员任务。在该阶段，动员支持保障分系统要向决策领导、管理协调和动员执行分系统在信息、法律、技术、基础设施等领域提供必要的支持。

（3）动员复员阶段的功能。动员复员是民用工业动员实施的逆过程，该阶段的主要工作是解体动员联盟，并使民用工业恢复常态。当民用工业敏捷动员体系检测到动员复员标志时，动员复员开始。此时，动员决策领导分系统需要向其他分系统发出复员指令，各个动员分系统接到复员指令后开始复员工作，使自身恢复到平时状态。在复员阶段，解体动员联盟是一项核心工作，要求按照一定的程序和步骤进行，以便使各个盟员单位恢复正常的生产秩序，使民用工业体系快速恢复常态。

3.1.4　分系统的结构

3.1.4.1　决策领导分系统

决策领导分系统是实施民用工业敏捷动员的决策领导核心，通常寓于国家国防动员决策领导系统之中，并由具有民用工业动员决策领导职能的相关机构构成[①]。这里将民用工业敏捷动员决策领导机构界定为：根据宪法和法律规定，有权对民用工业敏捷动员做出决定、制定法规、发布命令的权力机构，由国家最高权力机关以及国家和地方各级政府组成。

在构建民用工业敏捷动员决策领导分系统时，需要分层构建。从层次上分，动员决策领导机构可分为多个层次：第一层次是国家层面的，也是最高层次的民用工业敏捷动员决策领导机构，负责对全国范围内或在国内多个区域甚至某一区域开展的民用工业敏捷动员活动进行决策和领导；第二层次及以后层次是区域或地方层面的动员决策领导机构，一般因国家大小和国防动员体制的不同而有所差异。高层级的决策领导机构有权对下一层级的决策领导机构实施领导和指挥职

---

① 百度百科. 决策机构［EB/OL］.［2012-12-26］. http：//www. baike. com/wiki/%E5%86%B3%E7%AD%96%E6%9C%BA%E6%9E%84.

能，在特殊或紧急情况下，也可以越级领导。下一层级的动员决策领导机构必须服从上级机构的指挥，并向上一层级甚至上上层级的动员决策领导机构反馈信息。民用工业敏捷动员决策领导分系统内部结构及各部分之间的关系如图 3-2 所示。

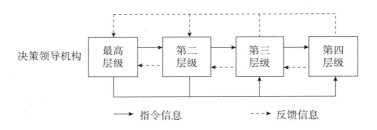

图 3-2　决策领导分系统内部结构

　　一般来说，管理层次的多少受以下几个因素的影响：一是计划的完善程度。事先有良好、完整的计划，工作目标和任务明确，管理层次可以相对少一些。二是任务的复杂程度。任务越复杂，协调工作量和难度越大，要求的管理层次就越多。三是人员的经验和知识水平。管理人员的自身素质越强，管理经验越丰富，同时下属人员越训练有素，工作自觉性越高，相应的管理层次越少。四是信息手段和沟通渠道的状况。若沟通渠道畅通，通信手段先进，信息传递及时，可加大管理幅度，减少管理层次。反之，则要增加管理层次。

　　民用工业敏捷动员体系既强调控制力和效率，同时在国家安全环境和形势不断出现新变化和新趋势的情况下，又要求其具有灵活性和适应性，这是民用工业敏捷动员体系敏捷性特征的内在要求。因此，从体系敏捷性角度考虑，本章认为，民用工业敏捷动员决策领导分系统的层次设置应综合考虑上述因素和要求，本着效率与适应性均衡的原则进行设置，在不降低效率的前提下，尽可能减少层级，以增强系统的适应性。事实上，现代信息技术的发展已为实现这一目标提供了条件和支撑。

3.1.4.2　管理协调分系统

　　管理协调分系统主要由具有民用工业动员管理协调职能的机构构成，是落实决策领导机构的决定，管理协调全国、各部门及地方民用工业动员工作的专门机构。通常，管理协调分系统与决策领导分系统具有层次相对应关系，也就是说，民用工业敏捷动员管理协调分系统也可以划分为多个层次，第一层次是国家层次的，也是最高层次的民用工业敏捷动员管理协调机构，主要是根据国家动员决策领导机构的决策，负责对全国范围内或在国内多个区域甚至某一区域开展的民用工业敏捷动员活动进行管理和协调；第二层次及以后层次是区域或地方的动员管理协调机构。其中，高层级的管理协调机构有权对下一层级的管理协调机构进行协调和管理，特殊或紧急情况下，也可以越级管理。

通常情况下，各级民用工业敏捷动员管理和协调机构除了接受上一层级管理协调机构的管理之外，还接受同级决策领导机构的管理，即"双重"管理。在特殊或紧急情况下，决策领导机构也可以对管理协调机构进行越级领导和指挥。管理协调分系统内部结构及其与决策领导分系统的关系如图3-3所示。

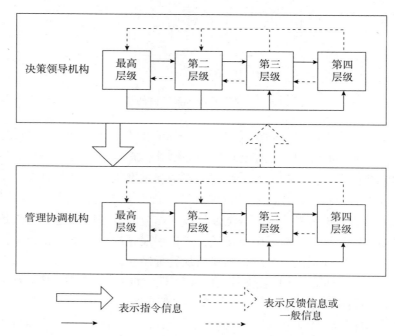

图3-3 管理协调分系统内部结构及其与决策领导分系统的关系

3.1.4.3 动员执行分系统

动员执行分系统是民用工业敏捷动员体系的客体要素，通常由各行业主管部门以及各行业内有关民用工业企业构成，负责执行具体的动员任务，并确保完成动员任务。通常，各级行业主管部门内部需要设置专门的动员机构，用于贯彻执行上级部门的动员决策，制定本行业的动员计划和动员预案，定期向上级行业主管部门报告有关动员工作，运用行业主管部门的权力，要求并督促下级以及行业内民用工业企业完成动员任务。各行业内部民用工业动员企业可以根据企业的规模和特点决定是否在企业内部设置专门的动员机构并/或指派专人负责动员工作。概括地说，民用工业动员企业承担的动员任务主要有：①对国家规定的动员物资、技术及能力进行必要的储备，为动员的快速实施创造必要的条件；②保证国家规定的动员力量和动员储备完好无损；③保证按时按质按量完成动员合同规定的供货任务；④依据动员指令，按动员计划、动员预案（方案）及时转入紧急状态；接受并参与动员演练；⑤必要时提供所拥有的土地、建筑、设备、交通工具及其他财产以保障民用工业动员任务的顺利完成等。

由于承担民用工业敏捷动员任务的民用工业动员企业众多，同时，不同性质和类型的动员企业完成的动员任务不同，承担的角色不同，为了便于后续分析以及对民用工业动员企业进行分类管理，有必要对其进行分类研究：

（1）按照企业的性质和规模划分。以我国为例，按照企业的性质和规模可以将动员企业分为以下三类：

第一类动员企业主要包括国有大型民用工业企业。国有大型企业是国有经济的骨干和支柱，在支撑、引导和带动社会经济发展，发挥国有经济的控制力、影响力，在带动力方面，有着不可替代的作用①。同时，政府的意志和利益决定了国有企业的行为，因此，与其他民用工业企业相比，国有大型企业不仅承担着服务经济的功能，还承担着更多的社会责任以及更艰巨的民用工业动员任务，成为国家应对紧急事件的可靠力量和抵御社会政治风险的重要保证。

第二类动员企业主要包括其他公有制民用工业企业和非公有制大型民用工业企业。该类企业是国民经济的重要组成部分，在带动经济发展，推动社会进步方面发挥着举足轻重的作用，是应对突发事件，完成民用工业动员任务的中坚力量。

第三类动员企业主要包括非公有制中小型民用工业企业。该类企业是一国国民经济的重要补充，是推动一国经济社会发展的重要力量，为国民经济的快速发展和社会进步，发挥着不可替代的作用，是应对突发事件，完成民用工业动员任务的有力补充。

（2）按照企业所属的行业划分。民用工业动员企业几乎涉及民用工业各行业。以我国为例，民用工业体系包含采矿业，制造业，电力、热力、燃气及水的生产和供应业 3 个门类、39 个大类②，根据影响民用工业敏捷动员体系建设的需求因子可知，民用工业各行业在民用工业敏捷动员过程中发挥的作用不尽相同，据此可以将民用工业敏捷动员企业分为重要行业动员企业和一般行业动员企业，其中，一般行业动员企业主要指在任何动员活动中发挥的作用都较弱的行业企业，主要包括一般采矿业，烟草制品业，木材加工及木竹藤棕草制品业，家具制

---

①　孟振平. 国有大型企业的社会责任［EB/OL］.（2006 - 12 - 28）［2012 - 12 - 16］. http：//theory. people. com. cn/GB/49154/49156/5224492. html.

②　国家统计局. 三次产业划分规定（国统字［2012］108 号）［EB/OL］.（2013 - 01 - 14）［2014 - 06 - 25］. http：//www. stats. gov. cn/tjsj/tjbz/201301/t20130114_ 8675. html.

造业，造纸及纸制品业，印刷和记录媒介的复制业，文教、工美、体育和娱乐用品制造业，其他制造业和废弃资源综合利用业9个行业的企业。这些企业对完成民用工业敏捷动员任务的必要性和参与度相对较低，动员过程中往往处于补充者的角色，因而无论是在平时还是在动员实施过程中，均可弱化对其的动员管理。相反，食品制造、纺织服装、石油加工、医药制造、设备制造、汽车制造等行业企业，多数情况下在民用工业敏捷动员过程中发挥着重要作用，是民用工业敏捷动员的重点行业企业，在平时要对这些行业中的民用工业动员企业，特别是大中型民用工业动员企业进行重点管理，在政策上要有所倾斜。重要行业和一般行业动员企业的划分如表3-1所示。

表3-1 按行业划分的民用工业动员企业重要性分类

重要性	民用工业动员企业所属行业类别	重要性	民用工业动员企业所属行业类别
重要	煤炭开采和洗选业	重要	医药制造业
重要	石油和天然气开采业	重要	化学纤维制造业
重要	黑色金属矿采选业	重要	橡胶和塑料制品业
重要	有色金属矿采选业	重要	非金属矿物制品业
重要	非金属矿采选业	重要	黑色金属冶炼及压延加工业
一般	其他采矿业	重要	有色金属冶炼及压延加工业
重要	农副食品加工业	重要	金属制品业
重要	食品制造业	重要	通用设备制造业
重要	酒、饮料和精制茶制造业	重要	专用设备制造业
一般	烟草制品业	重要	汽车制造业
重要	纺织业	重要	铁路、船舶、航空航天和其他运输设备制造业
重要	纺织服装、服饰业	重要	电气机械和器材制造业
重要	皮革、毛皮、羽毛及其制品和制鞋业	重要	计算机、通信和其他电子设备制造业
一般	木材加工和木竹藤棕草制品业	重要	仪器仪表制造业
一般	家具制造业	一般	其他制造业
一般	造纸和纸制品业	一般	废弃资源综合利用业
一般	印刷和记录媒介复制业	重要	电力、热力生产和供应业
一般	文教、工美、体育和娱乐用品制造业	重要	燃气生产和供应业
重要	石油加工、炼焦及核燃料加工业	重要	水的生产和供应业
重要	化学原料及化学制品制造业		

（3）按照动员企业是否为动员中心进行分类。按照动员企业是否建设有动员中心，可将民用工业动员企业分为动员中心型动员企业和非动员中心型动员企业。动员中心是依托重点企业建立的具有平战转换能力的生产和技术保障机构，可在紧急事件发生时实现对武器装备、技术、物资和劳务的供给，有效应对紧急事件①。因此，建设动员中心是动员企业实现敏捷动员响应的重要途径，在平时应按照能打仗、打胜仗，以及平时服务、急时应急、战时应战的要求，在动员需求、建设程序、制度机制等方面，围绕遂行多样化军事任务要求以及党在新形势下的强军目标，加强对动员中心型动员企业的建设，缩短平战转换时间，全面提升实战化动员保障水平②。

（4）按照动员企业是否为动员保障基地成员进行分类。动员保障基地（简称保障基地），是围绕落实军事斗争物资准备要求，以战时需要的大类物资为基本单元，融合多种储备和动员方式，依托现行国民经济管理体系中的行业主管部门和核心（龙头）企业，把动员物资需求直接对口衔接到国民经济相关行业，从而形成需求和供给相衔接的模块化保障组织形式③。保障基地是一种新型动员组织形式，在保障对象上，以紧急状态时后勤大类物资为主，紧扣动员物资需求，能更好、更有针对性地满足动员需求；在落实主体上，以行业管理部门和龙头企业为主，有利于对动员资源全面覆盖；在任务安排上，以综合统筹为主，有利于动员需求与资源供给的准确对接；在储备形式上，以基于多种储备的动态储备为主，能有效提高对动态变化的紧急需求的适应性。通常可以根据各地产业结构的特点和物资生产储备能力等情况，建立集物资生产、储备、调拨、供货为一体的保障基地，平时储备生产能力，紧急事件发生时能够快速动员、组织生产，对急需物资实施不间断的保障④。

因此，按照动员企业是否为保障基地组织成员可将动员企业分为保障基地型动员企业和非保障基地型动员企业。由于动员保障基地的落实主体为行业主管部门或核心（龙头）企业，使动员任务的落实与政府引导和管理市场的方式结合起来，可以有效地提高动员的组织效率和敏捷性。

（5）按照动员企业的动员响应速度进行划分。动员企业是执行和完成民用

① 朱庆林，周兴昌，张昊等. 论建立国民经济动员中心［J］. 军事经济学院学报，2003，10（2）：27-31.

② 陈丙骞，王向伟. 加强国民经济动员中心建设需把握的几个重点环节［J］. 国防，2014（12）：52-53.

③ 周兴昌，裴沈华，王立新等. 模块化配置和综合性保障的组织载体——国家经济动员保障基地建设可行性研究报告［J］//动员之光——新时期国家经济动员理论与实践探索［M］. 北京：军事科学出版社，2007.

④ 赵建明，俞红卫. 加强国民经济动员中心建设浅探［J］. 军事经济研究，2007（4）：38.

工业敏捷动员任务的重要组织，但是由于动员企业种类繁多，在动员过程中，不同类型的动员企业角色地位不同，承担的任务不同，动员响应速度也不同。据此，可将动员企业分为以下四类：

第一类为重点动员企业。重点动员企业通常为行业核心企业，对同行业的其他企业有很深的影响力、号召力，具有一定的示范、引导作用，动员意识强，动员响应速度快。该类企业通常规模大、经济效益好、社会责任感强、带动能力强、产品具有明显的市场竞争优势。在平时，重点动员企业不断完善动员准备工作，并与动员管理协调机构具有较密切的联系，因此，国家应给予该类企业一定的政策支持和资金扶持；在紧急状态时，重点动员企业能与动员管理协调机构迅速建立动员联盟，快速承担并按时按质按量完成动员任务，是实现敏捷动员的基本保证。

第二类为动员中心型或保障基地型动员企业（第一类除外）。动员中心型企业通常具有完成特定动员任务所必需的实物、技术、产能、人才等储备，可以快速实现平战转换。保障基地型动员企业平时在相关行业主管部门和核心（龙头）企业的领导和带领下，围绕自身核心优势针对应急的大类物资进行动员准备，一旦紧急状态发生，将会迅速与行业主管部门和核心（龙头）企业结成动员联盟，快速满足对大类物资的动员需求。因此，动员中心型或保障基地型动员企业，动员响应速度较快，是实现敏捷动员的骨干力量。

第三类为普通型动员企业。普通型动员企业有一定的动员意识，在平时主要做好预案编制和潜力数据调查工作，参与动员培训，进行一般的动员演练。在动员实施时，通常根据紧急事件的危害程度以及动员需求的要求，以非核心盟员的身份加入动员联盟，并根据动员需求以及自身优势及动员潜力，承担相应的动员任务。普通型动员企业，动员响应速度相对较快，是实现敏捷动员的重要力量。

第四类为候补型动员企业。该类企业平时主要从事一般的生产活动，缺乏动员意识，动员响应速度相对较慢。在紧急状态下，通常是在前三类动员企业尚不能完成动员任务的情况下才承担一定的动员任务，因此是动员执行系统的必要补充。

动员执行分系统与决策领导分系统以及管理协调分系统之间的关系如图3-4所示。图中动员执行机构中描述的是按照企业的性质和规模划分的三类企业。需要说明的是决策领导机构可以根据动员需要直接向动员执行系统中的行业主管部门下达动员命令（图中未画出）。

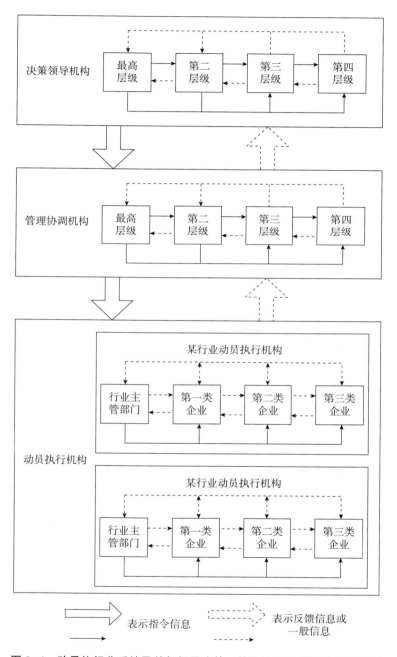

图 3-4　动员执行分系统及其与领导决策、管理协调分系统之间的关系

3.1.4.4 支持保障分系统

支持保障分系统是实现民用工业敏捷动员的有力保障，是民用工业敏捷动员体系的重要组成部分。具体而言，支持保障分系统包括动员计划、政策法规、动员信息、动员储备、研发维护和基础设施等子系统，各子系统又包含众多的构成要素（见表3-2）。

表3-2 支持保障分系统的构成要素

	子系统	构成要素
支持保障分系统	动员计划子系统	动员规划、动员计划、动员预案
	政策法规子系统	动员基本法规；动员专项法规；动员相关命令、指令、条令、条例、政策等；地方性动员法规
	动员信息子系统	警情预报识别网络、动员数据库、动员决策模块、动员仿真模块、动员演练模块、动员信息网络平台、动员信息网络基础设施
	动员储备子系统	动员物资储备制度、动员物资储备体系
	研发维护子系统	创新研发模块、维护培训模块
	基础设施子系统	能源供应、供水排水、交通运输、邮电通信、环保环卫、防灾安全、教育、科技、医疗卫生、体育、文化等基础设施

3.1.4.4.1 动员计划子系统

民用工业敏捷动员计划子系统由动员规划、动员计划和动员预案组成。

民用工业动员规划是对较长时期内民用工业动员活动进行的部署和安排，是根据国家战略意图和国防需求，结合民用工业的实际情况和主要矛盾，对民用工业动员的指导思想、总体目标、基本原则、主要任务、具体措施等进行的原则性和宏观性的规定，是民用工业动员的长期性、方向性、战略性、指导性安排和部署。科学合理的动员规划，对于有计划、有步骤地推进民用工业敏捷动员各项准备，有效开发和积蓄动员潜力，落实军民融合思想，提高平战转换能力，提高动员效率具有重要意义。

民用工业动员计划是国家或地区为了满足紧急状态的需要而预先制定的将民用工业各部门、民用工业生产活动和相应的民用工业体制由平时状态转入紧急状态的方案，通常包括动员的目标、任务、方法、范围、要求、措施、实施程序和时限等①。动员的过程实际上就是将国家平时积蓄的动员潜力，按照需要有组织、有步骤地转化为动员实力的过程。要提高动员转化的效率，缩短动员转化的时间，其核心和关键是事先必须制定周密的动员计划②。因此，民用工业动员计划完善与否，将直接影响国家应对战争和处理突发紧急事件的效率和效果。

民用工业动员预案是为了提高民用工业各部门应付未来可能发生的紧急事件的应变能力和平战转换速度，依据可靠的预测，在平时预先制定的将民用工业各部门和相应的国家机构从平时状态转入紧急状态的方案。编制动员预案可以在平时不增加民用工业建设负担的情况下，实现民用工业动员工作的预先准备，为动员的高效实施提供必要保障③。

3.1.4.4.2　政策法规子系统

民用工业敏捷动员的政策法规子系统主要包括动员基本法规，动员专项法规，动员相关命令、指令、条令、条例以及地方性动员法规等④，具体如图 3-5 所示。

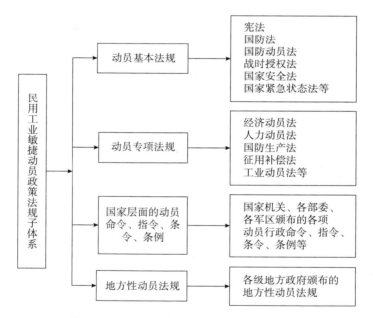

图 3-5　民用工业敏捷动员的政策法规子系统

① 工业动员词典编委会. 工业动员词典［M］. 北京：兵器工业出版社，1996.

② 孟繁巍，金晓桥，苏永前. 国外国防动员体制分析与思考［J］. 船舶标准化工程师，2010（2）：70-72.

③ 北京理工大学国民经济动员课题组. 民用工业动员基础建设研究［R］. 北京：北京理工大学国民经济动员中心，2011.

④ 曹惠芬. 国外战争动员法规体系［J］. 国防技术基础，2007（10）：54-58.

民用工业动员的基本法规是依据国家宪法和国防法，从宏观上对民用工业动员的总体要求及措施进行规定的综合性动员法规。它是制定民用工业动员专项法规、地方性法规及其他动员法规的依据。动员基本法规通常由国家最高权力机关颁布施行。如我国的《国防法》《国防动员法》，美国的《总动员法》《战争授权法》《国家安全法》《国防生产法》等都属于民用工业动员的基本法规。

民用工业动员专项法规是由政府和军事领导机关根据动员基本法规的指导和要求，制定的用以指导有关各方面、各门类动员工作的法律规范。如《经济动员法》《国防生产法》《征用法》《人力动员法》等都属于动员专项法规。由于其在动员法规子系统中所处的地位，动员专项法规具有双重属性，一方面，对于基本法来说动员专项法规是子法；另一方面，根据动员专项法规又可制定许多子法，因而又具有第二级母法的性质。如可以根据《经济动员法》制定《交通动员法》《卫生动员法》《工业动员法》《战略物资储备法》《劳动力保障法》《食品动员法》《战时贸易法》《物价管制法》等。

在动员基本法规和动员专项法规之外，还有许多专门的、应急的动员条例、条令、命令、指令，或临时性的命令、指令等。这些指令如果是由国家级行政机关、各相关部委、各军区颁布制定的，则称其为国家层面的动员命令、指令、条令、条例；如果是由地方政府颁布实施的，则称其为地方性的动员法规。

地方性动员法规是各级地方政府根据本行政区域的具体情况和实际需要，在不与宪法、法律、行政法规以及其他动员上位法规相抵触的前提下制定的。地方性动员法规在本行政区域内有效，其效力低于宪法、法律和行政法规。

动员的基本法规，专项法规，各种动员命令、条令、条例以及地方性动员法规，从共同原则、不同层次出发，构成了结构完整、层次分明、规范严密的动员政策法规体系，为实现敏捷动员提供了法律保障。

3.1.4.4.3 动员信息子系统

民用工业敏捷动员信息子系统可以确保迅速、准确传递如警情、各类动员物资、装备和资源的需求量、需求结构、生产能力、储备情况、交通运输等动员信息，通过对各类信息的统计、分析，迅速形成动员预案，以便快速有效地处理突发事件。设计良好的动员信息子系统有助于形成科学的动员决策，缩短动员时间、提高动员效率，因而是实现高效民用工业敏捷动员的有力保证，是民用工业敏捷动员体系的重要组成部分。从结构上看，民用工业敏捷动员信息子系统包括警情预报识别网络、动员数据库、动员决策模块、动员仿真模块、动员演练模块、动员信息网络平台以及动员信息网络基础设施等要素。

警情预报识别网络主要用于对各类传统和非传统的危害国家安全和公共安全的紧急事件进行预报或识别，对其危害程度进行分析和判断，并将结果上报给本级动员决策领导机构，作为是否实施动员的依据。该网络应遍及全国各地，涉及多个领域，通常包括警情预报及识别、警情分析以及警情上报等部门，是民用工业敏捷动员体系重要的支持系统。

民用工业敏捷动员数据库是为动员信息系统提供基础数据的模块，主要包括动员需求数据库、动员潜力数据库、动员空间数据库、动员预案数据库、动员人员数据库和动员企业数据库等。其中，动员需求数据库根据各类动员任务的不同，生成相应的动员需求目录；动员潜力数据库包含所有可能用于民用工业动员的资源数据，如自然资源特别是战略资源数据、生产能力数据、人力资源数据、财力资源数据、物资储备数据、科学技术数据等；动员空间数据库包括基础地理数据和动员单位专题图数据，前者包括多比例尺数据、遥感、航片、三维数据等，后者包括生产企业分布专题图、加油站分布专题图、医院分布专题图等数据；动员预案数据库包含不同等级不同类别的动员预案；动员人员数据库和动员企业数据库能够分别提供各类动员人员和动员企业的详细信息。

动员决策模块是动员信息子系统的应用模块之一，是保证动员任务顺利执行的基础条件。该模块是以信息技术为手段，应用决策科学及有关学科的理论和方法，针对某一类型的问题，通过提供背景资料、协助明确问题、修改完善模型、列举可能方案、进行分析比较等方式，帮助决策者做出正确决策的、人机交互的信息系统。通常决策支持系统由数据子系统、模型子系统和对话子系统组成。数据子系统主要提供进行决策所需的基础数据，可以由动员数据库承担该功能；模型子系统存储辅助动员决策的各种模型，是决策支持系统的重要组成部分；对话子系统具有设计良好的应用界面，通过人机对话，提高动员决策模块的应用水平[①]。

动员仿真模块具有较多功能，不仅可以对经济资源潜力和能力进行评价，而且可以研究国民经济动员系统的运行规律和方式。更重要的是，动员仿真模块可以通过计算机仿真对经济动员预案的可行性进行验证。动员仿真模块一般由系统建模、仿真建模和仿真试验三部分组成，其中系统建模用于辨识系统；仿真建模针对不同形式的系统模型研究其求解算法，使其在计算机上得以实现；仿真试验用于对仿真程序检验，并将仿真试验结果与实际系统行为进行比较。可见，通过动员仿真模块可以深入研究经济动员活动的规律，探索提高动员效率的途径[②]。

动员仿真演练模块是利用现代信息技术模拟紧急状态，使参加演练的对象按照动员预案在计算机集成环境下完成动员任务的活动。仿真演练模块为民用工业动员演练提供了虚拟环境和进行实际演练的基础条件，通过仿真演练不仅可以提

①② 张纪海. 关于国民经济动员信息化的思考 [J]. 北京理工大学学报（社会科学版），2007，9（3）：3-5.

高演练对象的快速动员能力，而且可以大大降低动员演练的成本。仿真演练模块主要包括演练环境、导演室和其他重要组成部分，为参与人员熟悉动员程序，了解动员法规，加强各成员之间的协作，提供了良好的环境①。

动员信息平台是信息数字化、网络化的存在方式②，一方面可以对动员信息子系统的各个模块进行充分有效整合，为使用者快速提供权限范围内的必要信息，提高动员准备效果、提升动员实施的效率，并对动员复员的实施提供有效支持；另一方面动员信息平台还可以促进动员信息子系统各个模块之间的沟通，在纵向上实现国家和地区动员信息系统的上下链接，在横向上实现地方与军队最高作战指挥机构、各总部、各军兵种、战区联勤作战指挥机构的互联互通，最大限度地提高应对紧急事态的反应能力，增强动员实施效率和适应性，保证敏捷动员目标的实现。

3.1.4.4.4　动员储备子系统

为了应对各种紧急事件，满足各种紧急需求，特别是在紧急事件发生的早期能对其进行积极和有效的应对，在平时需要对一定数量和品种的物质和非物质资源进行储备，以便紧急事件发生时，能快速调动所储备的动员物资。为此，动员储备子系统应包含完备的动员资源储备制度，完善的动员物资储备设施以及科学的动员资源储备结构。

动员资源储备制度是为了指导动员资源储备工作有序开展，科学选择动员资源储备主体，准确分配动员资源储备任务，并对动员资源进行科学管理和调拨，以便有效提高应对紧急状态的物资保障能力而建立的。动员资源储备制度主要包括动员资源储备计划，用于对所储备的资源种类、数量、地点、方式等进行规划；动员资源储备管理制度，用于对动员资源的采购、配备、保管、保养和维护等进行规定；动员资源调用制度，用以规范动员资源的调拨与使用；储备仓库管理制度，用以规定动员物资储备仓库的存储条件和存储要求，建立动员物资的出入库制度，以及对动员物资定期检查和更新制度等。

动员物资储备设施主要指在储备动员物资的过程中需要使用的储备设施，包括仓库、运输设备、搬运设备、制冷设备、消防设备等。完备的动员物资储备设施，对于保障动员物资的品质、实现动员物资的储备和调拨具有重要意义。

根据不同国家和地区的实际情况以及不同的动员资源特点，可以采用不同动员资源储备结构。根据储备主体的不同，可以有国家储备、地方储备和部门储备和企业储备的分级储备结构；根据所储备的资源形态的不同，可以有物资储备、

①　张纪海. 关于国民经济动员信息化的思考［J］. 北京理工大学学报（社会科学版），2007，9（3）：3-5.
②　董子峰. 信息化战争形态论［M］. 北京：解放军出版社，2004.

技术储备、能力储备①。在民用工业敏捷动员体系中，非物质资源的储备对动员民用工业敏捷动员的快速实施具有十分重要的意义。

3.1.4.4.5　研发维护子系统

研发维护子系统是为民用工业敏捷动员提供创新研发和培训维护服务的子系统，主要由创新研发模块和培训维护模块构成。

创新研发模块是民用工业敏捷动员体系的技术支撑部分，为民用工业动员产品生产提供技术创新、知识创新和创新服务。技术创新主要包括新产品的设计与研发、生产设备的改良与更新、生产工艺的改进与优化等；知识创新主要针对科学原理、科学规律进行研究，并提出原创性的理论和成果，是对尚未工程化的知识的创新；创新服务是为技术创新模块和知识创新模块提供必要的技术服务，如成果的保护、转让、转化、交易和中试等。在平时，创新研发模块以提高民用工业动员基础的整体科技发展水平为目标；在紧急事件发生时，以响应动员、满足动员的科技需求为目标②。

培训维护模块由培训和维护两部分构成，它为动员企业正常高效运转提供必要的员工培训和设备维护保养。其中，培训通常由企业内部培训机构、专职培训机构和专业培训学校等主体承担，主要对企业员工进行必要的专业技术、运行管理、设备维护、工业动员等方面的培训，以提高其专业技术水平、管理水平和动员素养。维护通常由企业内部负责设备维护保养的部门、设备生产厂家的售后服务或技术支持部门、专职提供技术服务的机构等承担，主要包括定时检修保养设备和及时排除设备故障，是保障设备正常运行的重要力量。在平时，它是生产得以持续进行的保证，在紧急事件发生时，它是动员顺利实施的保障③。

3.1.4.4.6　基础设施子系统

基础设施子系统是为民用工业敏捷动员提供公共服务的物质工程设施，在平时，基础设施服务于社会生产和居民生活，用于保证国家或地区社会经济活动的正常运行，是社会赖以生存发展的一般物质条件；在紧急事件发生时，它为各类动员活动的顺利实施提供基本保障。一般而言，基础设施子系统由能源供应、供水排水、交通运输、邮电通信、环保环卫、防灾安全等模块组成，具体来看，不仅包括公路、铁路、机场、通信、水电煤气等公共设施，还包括教育、科技、医疗卫生、体育、文化等社会性基础设施④。

---

① 陈德第. 新时期国民经济动员理论框架 [J]. 北京理工大学学报（社会科学版），2003，5（3）：43-48.

②③ 孔慧珍，孔昭君. 民用工业动员基础的内涵及构成 [J]. 北京理工大学学报（社会科学版），2012，14（2）：89-92.

④ 互动百科. 基础设施 [EB/OL].［2012-12-24］. http：//www. baike. com/wiki/%E5%9F%BA%E7%A1%80%E8%AE%BE%E6%96%BD.

3.1.5 民用工业敏捷动员体系各部分之间的关系

前面对民用工业敏捷动员体系的决策领导、管理协调、动员执行和支持保障分系统进行了详细讨论，据此可以构建民用工业敏捷动员的结构模型（见图3-6）；从结构上看，民用工业敏捷动员体系由动员决策领导、管理协调、动员执行和支持保障四个分系统组成，每一分系统又包含多个子系统，这些子系统往往又由下一层次的要素构成，是一个包括多个分系统的多层级复杂大系统；从要素连接关系上看，不仅各个分系统之间具有一定的纵横向关系，而且同一分系统内部各要素之间也具有一定的纵横向关系；从系统的运行上看，根据所发生紧急事件类型、危害程度、动员需求等不同，民用工业敏捷动员体系的决策领导、管理协调、动员执行三个分系统可以迅速以动态的、可重构的方式组建动员联盟，并以此为核心实施民用工业敏捷动员。同时由于现代信息技术的加入，随着动员信息数据库和动员信息网络平台的建立和完善，使民用工业敏捷动员体系各分系统和分系统内部各层级具备了同步警情反应、同步信息反馈与信息共享（有限共享）的能力，可以极大地提高体系的敏捷性。

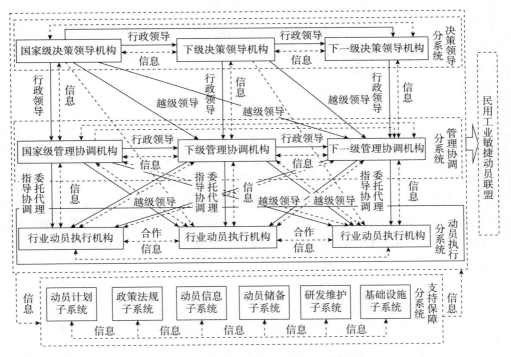

图3-6 民用工业敏捷动员体系的结构模型

（1）分系统之间的纵向关系。分系统之间的纵向关系主要存在于动员决策领导分系统、管理协调分系统和动员执行分系统之间。决策领导分系统具有向管理协调分系统甚至越级向动员执行分系统下达指令并要求其执行的权力，而后者具有服从命令，快速完成动员任务的责任。同时，管理协调分系统拥有指导和协调相关动员执行机构工作的权力，动员执行机构有服从其指导和协调工作的责任和义务。

（2）分系统之间的横向关系。分系统之间的横向关系主要体现在支持保障分系统与其他三个分系统之间的关系上。在动员决策以及动员实施过程中，支持保障分系统可以根据实际需要向决策领导、管理协调和动员执行分系统同步提供必要的动员信息或相关的支持信息，保障各分系统各项动员工作的顺利开展。

（3）分系统内部的纵向关系。动员决策领导分系统和管理协调分系统内部均包括具有纵向的上下级关系的相关机构。在动员决策领导系统中，通常情况下，动员指令从上到下沿第一层级（也就是国家级）—第二层级（也就是区域一级）—第三层级（也就是地方一级）逐级下达，动员反馈信息自下而上沿第三层级—第二层级—第一层级逐级反馈，上级机构对直属下级机构具有直接的领导和指挥权，下级机构必须服从和执行上级机构的指令，并根据要求及时反馈动员任务的执行情况。特殊情况下，上级机构也可以越过直属下级对更低一级的机构下达指令，要求其执行并上报执行情况，以便更好地适应民用工业敏捷动员的要求。

（4）分系统内部的横向关系。分系统内部的横向关系主要存在于各个分系统之中。在决策领导分系统中，根据动员范围以及动员任务的需要，往往存在同时对多个区域进行动员的情况，此时，各个被动员区域的决策领导机构之间就存在横向联系。同时，在对某个区域进行动员时，也会存在类似的情况，即同时对同一区域内的多个下一级行政区域进行动员，此时，同一区域内的多个行政区域的决策领导机构之间也构成横向关系。同理，在管理协调分系统中，也存在同样的横向关系。动员执行分系统由各行业主管部门以及各行业内有关民用工业企业构成，由于紧急事件在发生时间、地点、类型、危害程度等方面的不确定性导致动员需求也具有很大的不确定性，因此，满足动员需求所需要执行的任务也具有很大的不确定性。尽管如此，由于动员需求具有瞬时、超常规量的特点，导致在一定时间内，动员任务十分繁重，这就要求动员执行机构之间以及动员企业之间能进行横向联系，通过信息共享、资源优化、相互协同，共同完成动员任务。支持保障分系统内部各个子系统之间也存在横向联系，这种联系能保障整个动员体系实现信息和资源共享，实现资源的合理和优化配置，提高体系的整体运行效率和运行水平。

3.2　民用工业敏捷动员体系的运行机理

民用工业敏捷动员体系的运行机理是指为了实现体系的功能和建设目标，构成民用工业敏捷动员体系的各个要素的内在工作方式以及诸要素在一定环境下相互联系、相互作用的运行规则和原理。厘清民用工业敏捷动员体系的运行机理，不仅有助于分析民用工业敏捷动员流程，同时对于构建并优化民用工业敏捷动员体系具有重要意义。为此，本节将从民用工业敏捷动员体系的基本特征和构建目标出发，以民用工业敏捷动员体系的结构模型为基础，探讨民用工业敏捷动员体系运行的驱动机理，并从民用工业敏捷动员准备、动员实施和动员复员三个阶段讨论民用工业敏捷动员体系的运行机理。

3.2.1　体系运行的驱动因素分析

系统动力学认为，一个复杂系统往往具有多重反馈、反直观性、较强的非线性、时滞效应及较大的惯性等特征，系统的行为模式与特性主要取决于系统内部的动态结构与反馈机制[①]。对于遵循因果规律的复杂系统而言，分析驱动系统运行的因素，有助于深入认识系统和分析系统的运行规律。任何一个系统，要实现有效运行，达成系统功能和目标，都离不开三个层面的驱动因素，即内外驱动力、必要的能力和适当的实现载体。下面本节将从动力层、能力层和实现层三个层面分析民用工业敏捷动员体系运行的驱动因素。

3.2.1.1　动力层因素分析

民用工业敏捷动员体系运行的主要动力来自两个方面：一方面，来自于系统外部发生的紧急事件。紧急事件的发生，往往具有较强的不确定性，不仅发生的时间不确定，发生的事件类型也不确定，由此导致的应对紧急事件的需求类型及需求量也具有很大程度的不确定性。另一方面，民用工业敏捷动员作为一种国家行为，其目标是确定的，即在最短的时间内对紧急事件进行响应并以较低的成本迅速、可靠地满足多样化的动员需求，这就要求民用工业敏捷动员体系具有较强的应对环境突变的能力。因此，来自体系外部紧急事件发生的不确定性以及体系本身快速、可靠、低成本地应对紧急事件的目标诉求共同构成了民用工业敏捷动员体系运行的驱动力。

---

① 李旭. 社会系统动力学 ［M］. 上海：复旦大学出版社，2008.

3.2.1.2　能力层因素分析

民用工业敏捷动员体系动员目标的实现是建立在体系若干基本能力基础上的。一方面，民用工业敏捷动员体系要实现对紧急事件的迅速响应就必须具备较强的预报警情、分析警情、跟踪警情发展、传递和反馈警情信息的能力，该能力是保障民用工业敏捷动员体系动员目标实现的基础；另一方面，民用工业敏捷动员体系要对紧急事件做出合理可靠的响应还必须具备准确分析和判断警情类型、危害程度、危害范围的能力，这是民用工业敏捷动员体系形成合理可靠的动员任务，保证实现敏捷动员目标的前提。在此基础上，更为重要的是，民用工业敏捷动员体系要达成敏捷动员目标必须具备根据上述分析和判断结果对体系内外部资源，如人员、组织、工作流程、技术、生产过程等进行重构的能力，以确保动员任务能快速可靠地完成。此外，民用工业敏捷动员体系要确保预警反馈能力、警情分析判断能力和资源重构能力不断提升，以动态适应环境的变化，还必须具备根据环境变化不断提升自身知识水平和素养的能力。可见，知识吸纳能力是预警反馈能力、警情分析判断能力和资源重构能力提升的基础，是持续实现民用工业敏捷动员目标的重要保证。

上述四种能力共同构成民用工业敏捷动员体系运行的能力层。在这四种能力中，预警反馈能力是分析判断能力的基础；预警反馈能力和分析判断能力是形成体系资源重构能力的前提；知识吸纳能力为预警反馈能力、分析判断能力和资源重构能力提供基础知识，同时又与预警反馈能力、分析判断能力一起共同决定资源重构能力。反过来，资源重构能力又会将其在动员活动中的表现反馈到体系中，对提升体系的预警反馈能力、分析判断能力和知识吸纳能力提出新的要求。可见，预警反馈能力、分析判断能力和资源重构能力相互融合，并以知识吸纳能力为基础，共同构成民用工业敏捷动员体系运行的能力层，促进体系快速高效运行，具体情况如图 3-7 所示。

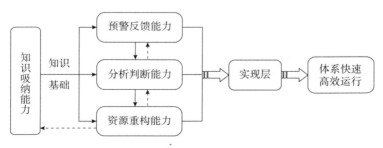

图 3-7　民用工业敏捷动员体系能力层构成

3.2.1.3 实现层因素分析

民用工业敏捷动员体系动员目标的实现，在操作层面需要借助适当的动员组织、科学的动员流程、高效的信息沟通、合理的人员配置、必要的技术保障和快速的生产过程。这就要求民用工业敏捷动员体系具备以下几种能力：①能根据不同的紧急事件类型和危害等级，依托民用工业敏捷动员体系，科学筛选相关机构，快速组建动员组织（敏捷动员联盟），并以该动员组织（敏捷动员联盟）为基础和核心，分配并确保完成各项动员任务；②能根据本次紧急事件的特殊性以及具体的动员要求，以敏捷动员联盟为核心，快速设计敏捷动员流程，以便对各项动员活动进行时间和顺序上的安排，确保民用工业动员活动能以较高的效率和较快的速度开展；③内部各构成要素之间，特别是动员联盟内部各成员之间、动员体系与外部环境之间能借助先进的信息沟通平台，通过快捷的沟通渠道和方式，快速、高效地沟通动员信息，并在体系内实现有权限的信息资源共享和信息传递，为动员实施提供信息保障；④能根据动员需求的不同，合理调配具有相关技术专长和能力的动员人员，为动员活动的开展和动员任务的高效完成提供必要的人力资源；⑤能根据环境变化和科技发展，针对新的动员需求，及时开发新技术、新工艺，生产新产品，为实现动员任务、满足动员需求提供必要的技术资源；⑥能根据动员需求，适时调整动员产品的生产工艺和技术，改进产品生产制造流程，实现动员产品的超常量供给。

因此，根据紧急事件的类型、科学构建敏捷动员联盟、合理设计敏捷动员流程、高效传递动员信息、科学配置动员人员、及时开发新技术和新工艺、科学调整产品生产制造过程，是确保完成动员任务，实现民用工业敏捷动员体系动员目标的最基本要素。

可以认为，民用工业敏捷动员体系的运行，是在不确定的紧急事件和体系自身应对紧急事件目标诉求的共同驱动下，依托体系的预警反馈能力、分析判断能力、知识吸纳能力和资源重构能力，通过敏捷的动员联盟、科学的动员流程、高效的信息沟通、合理的人员配置、必要的技术保障和快速的生产过程实现的，是内外动因、体系能力、实现手段和方式共同作用的结果。

3.2.2 体系运行的层次驱动模型

通过前面的分析可以发现，民用工业敏捷动员体系的运行受动力层、能力层和实现层三个层次因素的影响，这三个层次因素共同作用，构成了民用工业敏捷动员体系运行的层次驱动模型（见图3-8）。

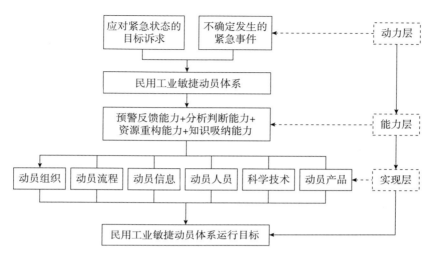

图 3-8　民用工业敏捷动员体系运行的层次驱动模型

3.2.2.1　动力层作用机理

民用工业敏捷动员体系处于不断变化的环境之中。正是由于紧急事件类型多样，危害程度不一，再加上紧急事件在发生时间、发生地点的不确定性，导致动员需求具有明显的不确定性，进而推动民用工业动员体系向主动响应、快速灵活、适度高效的敏捷动员体系和动员模式转变，快速响应、满足需求、适度动员等就成为体系追求的动员目标。因此，不确定发生的紧急事件作为民用工业敏捷动员的外部因素，是民用工业敏捷动员体系运行的初始动力。与此同时，民用工业敏捷动员体系自身应对紧急事件的目标诉求，促使体系始终追求在紧急事件发生时快速、精确、高效、可靠地开展动员，以便将紧急事件的危害范围降到最小、程度降到最低。这种动员体系目标诉求的确定性与紧急事件发生的不确定性之间的矛盾和统一，成为推动民用工业敏捷动员体系运行的直接动因（见图 3-9）。

但紧急事件并非经常发生，因此，民用工业敏捷动员体系存在常态和非常态两种运行状态。在作用机理上，当紧急事件没有发生时，不确定发生的紧急事件以或有方式与民用工业敏捷动员体系的目标诉求结合，形成的驱动力较弱，不足以改变体系的运行状态，因此体系在常态下运行，进行动员准备。当紧急事件发生时，则形成了对民用工业敏捷动员体系强烈的外部刺激，与体系的目标诉求相结合产生的驱动力增强，推动民用工业敏捷动员体系改变运行状态，使体系进入非常态运行，进行动员实施。当紧急事件结束时，外部刺激消失，驱动力减弱，民用工业敏捷动员体系再次改变运行状态，恢复到常态运行。

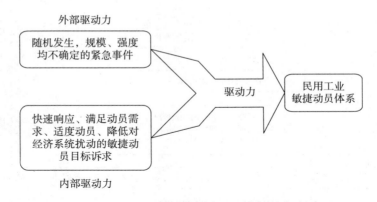

图3-9 民用工业敏捷动员体系运行的驱动力

3.2.2.2 能力层作用机理

能力层是在动力层的驱动下通过实现层发挥作用的，是体系有效运行、完成动员任务、达成动员目标的前提和基础。但能力层在体系运行不同阶段的存在状态和作用方式存在明显差异。在动员准备阶段，体系的预警反馈、分析判断、资源重构和知识吸纳四种能力处于动态提升过程中，对体系整体动员能力的提升和动员基础的增强发挥推动作用，但通常又处于隐性状态，因为体系的这四种能力究竟如何，除了动员演练并没有更多的机会表现出来。而在动员实施阶段，由于相对于动员准备阶段，动员实施的时间较短，因而体系的四种能力处于相对静态，主要是作为体系运行的基础支撑，但通常又呈显性状态，即体系的四种能力会通过动员实施过程完全展现出来。

动员准备阶段。民用工业敏捷动员体系在内部驱动力的作用下，以实现层的动员组织、动员流程、动员信息、动员人员、科学技术和动员产品等要素为载体或对象，围绕提升体系的预警反馈、分析判断、知识吸纳和资源重构四种能力，按照常态运行。在该阶段，民用工业敏捷动员体系在动员决策领导分系统的领导下，通过管理协调分系统地管理和协调功能，促进民用工业敏捷动员体系各个分系统内部的有效运行，并推动分系统之间的协同运行，能力建设成为体系运行的核心内容，提升能力成为体系运行的核心目标，具体如图3-10所示。

图3-10 动员准备阶段民用工业敏捷动员体系能力层作用机理

动员实施阶段。驱动体系运行的内、外部驱动力作用于常态运行的体系，借助体系对外部驱动力的预测、分析和判断，促使体系运行状态发生改变，进入危态运行，通过实现层进行资源重构，促进体系动员任务的完成。动员实施阶段民用工业敏捷动员体系能力层的作用机理如图 3-11 所示。

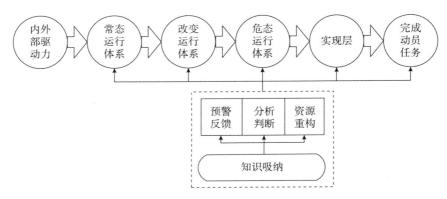

图 3-11　动员实施阶段民用工业敏捷动员体系能力层作用机理

在紧急事件发生前，警情预报识别网络借助自身的预警反馈能力，密切监测外部环境，一旦发现某些外界因素变化，就会对这些因素进行分析，作出前瞻性判断，并在适当的时机发出预警信息。同时该网络还会进一步跟踪紧急事件的发展，对紧急事件进行动态分析和判断，并对分析和判断结果及时上报，以便民用工业敏捷动员体系能够快速、及时、准确地应对紧急事件；在紧急事件发生后，民用工业敏捷动员体系的决策管理分系统根据警情预报识别网络提供的信息，对紧急事件进行深入分析和判断，准确识别事件性质，正确判断事件的危害等级，据此明确动员需求，合理确定动员任务，促进民用工业敏捷动员体系开展快速、适量、精确、可靠动员。民用工业敏捷动员体系的管理协调分系统根据动员任务对动员资源进行高效重构，借助实现层，完成动员任务，满足紧急事件发生时所产生的动员需求。在此过程中，体系的知识吸纳能力为预警反馈、分析判断和资源重构能力的发挥奠定基础。

需要指出的是，动员的过程也是民用工业敏捷动员体系学习和提高的过程，是体系知识吸纳能力提升的过程。通过实施动员，一方面可以有效促进体系对不断变化的外部环境进行感知和学习，加深体系对危害国家和公共安全的事件，特别是新生的紧急事件的认知；另一方面可以促进体系在发现问题、解决问题的过程中，不断积累经验，提升体系应对紧急事件的能力。

在动员复员阶段，外部驱动力变得很弱，体系运行主要依靠内部驱动力，在内部驱动力的作用下，体系进入复员阶段，逐步恢复常态，并进入新一轮的动员准备阶段。该过程是动员实施过程的逆过程。

3.2.2.3 实现层作用机理

实现层既是动力层最终的作用对象，又是能力层的载体，动员驱动力最终要作用到实现层，体系的四大能力最终要通过实现层的具体活动体现出来，动员目标和动员任务要靠实现层完成。

在动员准备阶段，在动力层和能力层的作用下，实现层成为落实动员准备工作、实现动员准备目标和提升体系四大能力的重要载体。

在动员实施阶段，根据警情类型、危害等级、动员需求的不同，通过实现层对动员资源进行重构，完成动员任务。在此阶段，民用工业敏捷动员管理协调分系统根据动员决策指挥系统的指令以及动员需求，筛选具有相关能力和素质的动员机构，快速组建敏捷动员联盟，设计敏捷动员流程，合理配置动员人员，高效传递动员信息，适时调整生产技术、工艺和流程，生产动员产品，完成动员任务。在这里，实现层六个要素以敏捷动员联盟为核心，其他要素围绕敏捷动员联盟发挥作用，实现体系的运行目标。实现层作用机理如图 3-12 所示。

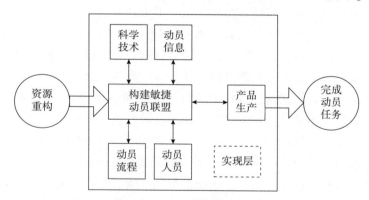

图 3-12 动员实施阶段民用工业敏捷动员体系实现层作用机理

3.2.2.4 各层次之间的作用机理

综上所述，民用工业敏捷动员体系的运行由动力层驱动，借助能力层的核心能力要素，通过实现层达成体系的运行目标。

动力层不仅是推动民用工业敏捷动员体系高效运行的内在动力，也是提高民用工业敏捷动员体系预警反馈能力、分析判断能力、知识吸纳能力和资源重构能力的原始推动力，并且能有效促进构建敏捷动员联盟、设计敏捷动员流程、加强动员信息沟通、培养动员人员、加强科技创新、开展敏捷制造，生产动员产品，因而是保障民用工业敏捷动员体系高效运行、实现体系运行目标的动力源泉。

能力层由民用工业敏捷动员体系必须具备的四大能力构成，是动员体系高效运行的重要保证，这四项能力提升源于动力层的内在和外在驱动力，并通过实现层的具体活动体现出来。

实现层是民用工业敏捷动员体系得以高效运行的载体，其运行一方面依赖于动力层的原始驱动力推动，另一方面受到体系整体能力的制约，这三者之间的关系如图 3-13 所示。

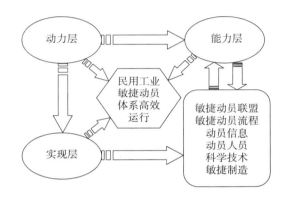

图 3-13　民用工业敏捷动员体系各层次的作用机理

3.2.3　体系的运行机理

3.2.3.1　动员准备阶段体系的运行机理

动员准备阶段，由于紧急事件尚未发生，体系整体上处于常态，体系的运行主要依靠内部驱动力来驱动，体系基于自身应对紧急事件的目标诉求按照常态运行。该阶段，体系运行的目标集中在能力层，主要是提高预警反馈、分析判断、资源重构、知识吸纳四种能力，增强民用工业敏捷动员基础[①]。从体系内部的运行看，存在分系统内部的自运行、分系统之间的协同运行以及体系能力耦合运行三个过程，具体情况如图 3-14 所示。

3.2.3.1.1　各个分系统的内部运行

在内部驱动力的作用下，各个分系统内部将逐步实现优化运行。此时，决策领导分系统内部机构得到完善，功能得以明确，分系统的分析判断能力得以提

---

① 孔慧珍，孔昭君. 民用工业动员基础的内涵及构成 [J]. 北京理工大学学报（社会科学版），2012，14（2）：89-92.

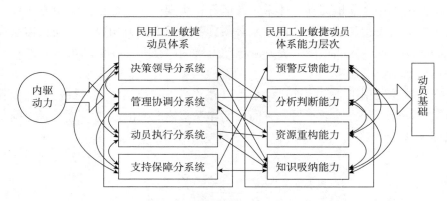

图 3-14　动员准备阶段民用工业敏捷动员体系的运行机理

升；管理协调分系统在完善内部机构，明确分系统功能，在提升分系统分析判断能力的同时，资源重构能力得到增强；动员执行分系统在内部机构不断健全和完善的基础上，分系统的技术水平、创新能力以及产品生产能力得到提升；支撑保障分系统通过内部运行，支持保障能力得到加强，预警反馈能力得到提升。在系统预警反馈、分析判断和资源重构能力提升的同时，体系的知识吸纳能力得到加强。需要说明的是，各个分系统内部的运行并不是孤立的。

3.2.3.1.2　分系统之间的协同运行

在动员准备阶段，民用工业敏捷动员体系在内部驱动力的驱使下，将实现各个分系统之间的协同运行。此时，其他分系统在决策领导分系统的领导下，根据动员规划，有计划、有步骤地开展民用工业敏捷动员准备工作，体系的四大能力得到进一步提升，动员基础得到增强。

首先，决策领导分系统根据需要及时制定科学的动员规划和计划，适时颁布有关动员的法律、法规，出台有利于动员实施的政策文件，加强动员基础设施建设，促进支持保障分系统不断完善。

其次，管理协调分系统在决策领导分系统的指挥下管理和协调动员执行分系统和支持保障分系统的工作：①促进动员执行分系统功能的不断改进和完善，②阶段性地开展动员潜力调查工作，完善动员潜力数据库，提高动员潜力数据的可靠性；③推动动员信息系统建设，不断提升体系预警、分析判断和决策能力；④加强动员预案制定，完善预案体系；⑤加强动员储备子系统的建设；⑥开展动员演练，及时发现问题并进行改进等，促进支持保障分系统不断完善。

再次，动员执行分系统按照动员决策分系统和管理协调分系统的要求，一方面不断完善分系统内部功能，加强创新研发，储备动员产品生产技术、工艺和人才，加强不同行业机构之间以及上下游企业之间的联系和沟通，促进分系统的协同运行；另一方面积极加强动员物资储备，不断开展企业信息化建设，促进支持保障分系统支持保障功能的有效提高。

最后，支持保障分系统与其他分系统之间密切协作，一方面，借助其他分系统功能的提升促进自身分系统能力的完善；另一方面，通过不断促进自身各个子系统的完善和发展，使分系统的支持保障能力得到加强。

3.2.3.1.3　体系能力提升机理

在民用工业敏捷动员体系各个分系统内部以及各个分系统之间得以协同运行的同时，体系的预警反馈、分析判断、资源重构、知识吸纳能力得到不断增强。同时，知识吸纳能力的增强又能有效地促进体系的预警反馈、分析判断、资源重构能力的提升，这些能力的提升又有助于增强体系的知识吸纳能力（见图 3-14）。此时，体系进入良性运行过程，体系的动员基础得到持续增强。

3.2.3.1.4　"三级协同共目标"运行机理

综上所述，在动员准备阶段，民用工业敏捷动员体系的运行分为三个层次：首先是各个分系统内部的运行，其次是各个分系统之间的协同运行，最后是体系四大能力之间的耦合运行，在此过程中，体系的四大能力得到进一步提升，民用工业敏捷动员基础得到增强。为形象起见，本书把动员准备阶段民用工业敏捷动员体系的运行机理称为"三级协同共目标"运行机理，具体情况如图 3-15 所示。

这里的"三级协同"是指，在动员准备阶段，民用工业敏捷动员体系运行的三个层级，一是体系各个分系统内部自协同；二是各个分系统之间的相互协同；三是体系四大能力的耦合协同。所谓"共目标"，是指上述三个运行过程的共同目标是提升民用工业敏捷动员体系的能力，增强动员基础。

3.2.3.2　动员实施阶段体系的运行机理

3.2.3.2.1　体系运行的三个层次

一旦紧急事件发生，民用工业敏捷动员体系在紧急事件的刺激下以及体系自身追求快速、高效、可靠、低成本应对紧急事件目标诉求的驱动下，依靠体系的预警反馈、分析判断、资源重构和知识吸纳能力，迅速及时地将体系的运行状态从常态运行变为危态运行。此时，动员体系一旦监测到紧急事件，就会对紧急事件进行分析判断，根据分析判断结果进行资源重构，通过动员联盟的构建，借助动员人员、动员流程、动员信息、科学技术和动员产品生产各个实现环节，完成动员任务，实现动员目标。该阶段构成体系的各个分系统协同运行，体系三个层次的作用机理如图 3-16 所示。

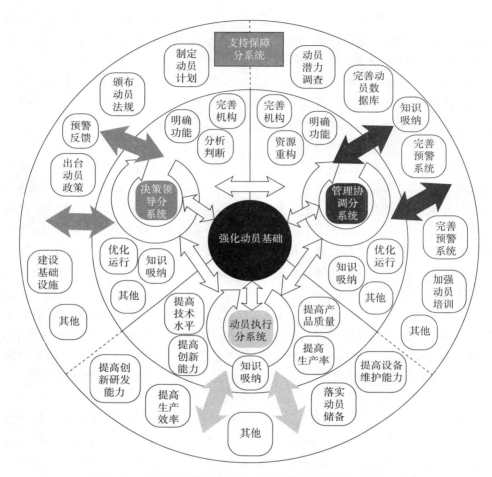

图 3-15 动员准备阶段体系的"三级协同共目标"运行机理

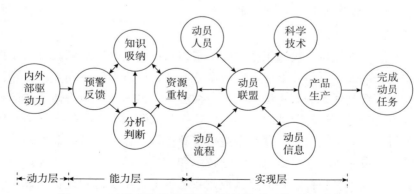

图 3-16 动员实施阶段民用工业敏捷动员体系的运行机理

从图 3-16 可以看出，紧急事件发生后，借助体系的预警反馈、分析判断和资源重构能力，实现动员联盟构建，并以此为核心生产动员产品。其中，预警反馈实现了体系和外部环境的对接，并将环境的变化信息经过分析判断和处理反馈给动员体系的决策领导分系统，决策领导分系统对预警反馈信息进行进一步分析判断，决定体系是否需要实施动员。一旦实施动员，体系将会根据对紧急事件的分析判断结果形成动员需求和动员任务，并对体系资源进行重构，借助实现层，生产动员产品，完成动员任务。这里，体系的资源重构能力是连接能力层和实现层的桥梁。

3.2.3.2.2　体系运行的五大环节

在动员实施阶段，民用工业敏捷动员体系的运行主要包括五大环节，分别是预警反馈环节、分析判断环节、下达动员指令环节、组建动员联盟环节和生产动员产品环节。

（1）预警反馈环节。预警反馈通常是指在紧急事件发生之前，根据紧急事件发生的规律或观测到的可能性前兆，向动员决策分系统发出紧急信号，报告危险情况，以避免在不知情或准备不足的情况下突发紧急事件，从而最大限度地降低紧急事件造成的危害后果。通常紧急事件的类型可以分为战争、自然灾害和其他危害公共安全的事件三类，紧急事件的危害程度可以分为Ⅰ级（特别重大）、Ⅱ级（重大）、Ⅲ级（较大）和Ⅳ级（一般）四种等级。警情预报识别网络需要将紧急事件的类型和危害程度及时上报。

（2）分析判断环节。在该环节，民用工业敏捷动员体系的决策领导分系统接到警情预报识别网络上报的警情信息之后，要对该警情信息进行进一步的分析和判断，明确动员需求，并确定是否动员民用工业。对于暂时不需要动员民用工业紧急生产动员产品的紧急事件要进行密切跟踪，关注事态的发展。通常紧急事件类型和危害程度与是否需要进行动员产品生产之间具有一定的关系，具体关系如表 3-3 所示。

表 3-3　紧急事件类型及危害程度与民用工业敏捷动员之间的关系

危害类型	Ⅰ级（特别重大）	Ⅱ级（重大）	Ⅲ级（较大）	Ⅳ级（一般）
战争	动员	动员	动员	暂时不动员
自然灾害	动员	动员	暂时不动员	暂时不动员
其他危害公共安全的事件	动员	暂时不动员	暂时不动员	暂时不动员

（3）下达动员指令。一旦通过分析判断，认为当前的紧急事件危害程度较大，达到了需要动员民用工业才能完成动员任务、满足动员需求的程度，决策领导分系统则会下达动员指令，将民用工业敏捷动员体系的运行状态从常态变为紧急状态。

（4）组建动员联盟。动员管理协调分系统接到动员指令之后，将会根据当前的紧急事件的类型和危害程度对动员需求进行进一步分析，确定满足动员需求应该完成的相关动员任务，据此选择动员联盟的成员，构建民用工业敏捷动员联盟，分配动员任务，实现对体系资源的重构。

（5）生产动员产品。根据动员任务，各个动员联盟成员开始生产相关动员产品，这期间，要安排原材料的供给、产品生产和配送等活动，以便最终在规定的时间将动员产品配送到指定地点，完成动员任务。由于动员产品满足的是紧急需求，时效性非常突出，因此，动员企业在进行动员产品生产的过程中，会调整生产线、生产工艺和生产流程，忽略产品的次要和装饰功能，尽可能缩减产品的生产制造环节，以尽可能快的速度实现动员产品的生产。

3.2.3.2.3 "三层五环节一目标"动员实施机理

为形象起见，这里将动员实施过程中体系的运行机理概括成"三层五环节一目标"运行机理。三层指的是在动员实施阶段，体系运行的三个层次，即动力层、能力层和实现层；五环节指在动员实施过程中，体系按照预警反馈、分析判断、下达动员指令、组建动员联盟和开展动员产品生产五个环节实施动员；一目标即民用工业敏捷动员体系在动员实施过程中体系的运行目标，即动员实施目标（见图3-17）。

3.2.3.3 动员复员阶段体系的运行机理

在动员实施过程中，一旦体系的预警反馈识别网络检测到外界刺激力减弱，动员需求降低到一定程度，就会将信息反馈给动员决策领导机构，动员决策领导机构接到信息后，会对该信息进一步分析，一旦确定动员实施可以结束，就会下达动员复员指令，动员复员开始，体系将会逐渐从危态运行转变为常态运行，此后，体系将进入新一轮的动员准备阶段。因此，动员复员过程是体系从危态运行转变为常态运行的过程。

3.2.3.3.1 体系运行的三个层次

在动员复员阶段，体系的运行仍然分为动力层、能力层和实现层三个层次。此时动力层的驱动力减弱，导致动员需求下降；动员需求降低到一定程度，借助能力层的预警反馈能力、分析判断能力、资源重构能力以及知识吸纳能力，改变实现层的运行方式，通过解体动员联盟，减少甚至停止动员产品的生产，使动员体系逐渐恢复到常态运行。此时，三个层次的作用机理如图3-18所示。

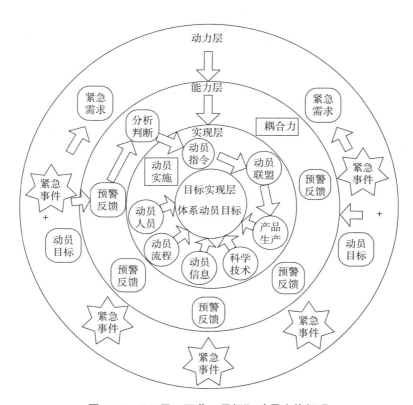

图 3-17　"三层五环节一目标"动员实施机理

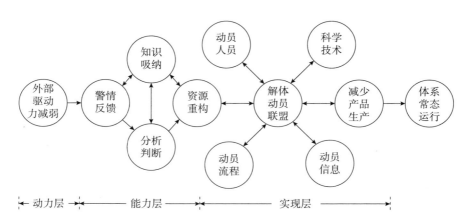

图 3-18　动员复员阶段民用工业敏捷动员体系的运行机理

3.2.3.3.2　体系运行的五大环节

在动员复员阶段，民用工业敏捷动员体系的运行也主要包括五大环节，分别是预警反馈环节、分析判断环节、下达复员指令环节、解体动员联盟环节和减少并最终停止生产动员产品环节。

（1）预警反馈环节。预警反馈环节是体系的警情预报识别网络在紧急事件发生后，对紧急事件进行持续监测、分析并将分析结果及时上报给决策领导分系统的环节。特别是当紧急事件产生的紧急需求减弱到预先规定的程度，警情预报识别网络会将该信息及时上报给动员决策领导机构，以便动员决策领导机构能够判断出合适的动员复员时机。

（2）分析判断环节。在该环节，民用工业敏捷动员体系的决策领导分系统接到警情预报识别网络上报的紧急需求下降的信息之后，对该信息进行进一步的分析和判断，以便确定是否开始动员复员。

（3）下达复员指令环节。一旦当前的紧急需求减低到一定程度，决策领导分系统则会下达复员指令，促使民用工业敏捷动员体系从危态运行转入常态运行。

（4）解体动员联盟环节。动员管理协调分系统接到复员指令之后，将会着手开始解体动员联盟。动员联盟的解体首先从解体松散执行层开始，其次解体动员联盟的核心执行层，最后解体动员联盟管理层。

（5）减少并最终停止生产动员产品环节。在解体动员联盟的过程中，逐渐减少至最终停止生产动员产品。动员体系逐渐恢复常态运行，复员的目标得以实现。

3.2.3.3.3　"三层五环节一目标"动员复员机理

为形象起见，这里将动员复员过程中体系的运行机理概括成"三层五环节一目标"运行机理，如图3-19所示。

同动员实施过程类似，"三层"依然指的是动员复员过程中体系运行的动力层、能力层和实现层；"五环节"指在动员复员过程中，体系按照警情反馈、分析判断、下达复员指令、解体动员联盟和缩减动员产品生产五个环节运行；"一目标"即民用工业敏捷动员体系在动员复员指令发布后，快速平稳地恢复到常态运行，实现复员目标。

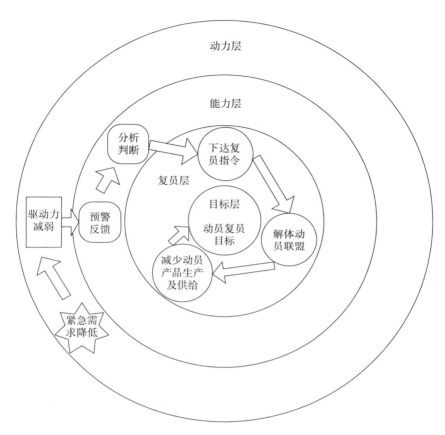

图 3-19 "三层五环节一目标"动员复员机理

3.3 我国民用工业动员体系分析

本节将应用民用工业敏捷动员体系的理论模型以及体系运行的层次驱动模型分析我国民用工业动员体系，以期发现我国民用工业动员体系存在的问题。

3.3.1 体系结构分析

根据民用工业敏捷动员体系的理论模型，结合我国国情，通过对我国民用工业动员体系的分析，画出我国民用工业动员体系的结构如图 3-20 所示，各分系统的具体构成要素如表 3-4 所示。

83

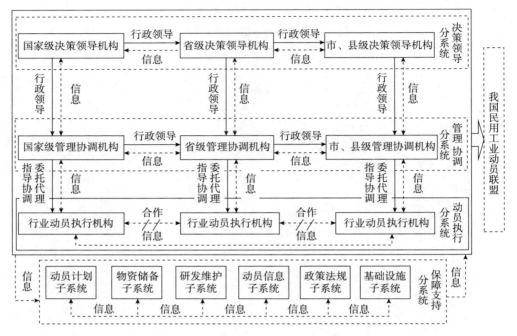

图 3-20　我国民用工业动员体系的结构模型

表 3-4　我国民用工业动员体系的构成要素

分系统		构成模块	构成要素
我国民用工业敏捷动员体系构成要素	决策领导分系统	国家级动员决策领导机构	全国人民代表大会及其常务委员会，中华人民共和国主席，国务院、中央军事委员会
		省级动员决策领导机构	省级人民代表大会及其常务委员会、人民政府
		市级动员决策领导机构	市级人民代表大会及其常务委员会、人民政府
		县级动员决策领导机构	县级人民代表大会及其常务委员会、人民政府
	管理协调分系统	国家级动员管理协调机构	国家国防员委员会、国家国民经济动员办公室、国务院各有关部委动员机构
		军区、省级动员管理协调机构	军区、省级国防动员委员会和国民经济动员办公室
		市级动员管理协调机构	市级国防动员委员会和国民经济动员办公室
		县级动员管理协调机构	县级国防动员委员会和国民经济动员办公室

续表

分系统	构成模块	构成要素
动员执行分系统	国家级动员执行机构	国务院各有关部委动员执行机构，国家、各部委直属动员企事业单位
	省级动员执行机构	各省有关动员执行机构（行业主管部门、有关企事业单位）
	市级动员执行机构	各市有关动员执行机构（行业主管部门、有关企事业单位）
	县级动员执行机构	各县有关动员执行机构（行业主管部门、有关企事业单位）
支持保障分系统	动员计划子系统	动员规划、动员计划、动员预案
	政策法规子系统	动员基本法规、专项法规、地方法规等
	动员信息子系统	警情预报识别网络、动员数据库、动员信息平台、
	动员储备子系统	动员储备制度、动员储备体系
	研发维护子系统	创新研发模块、维护培训模块
	基础设施子系统	公路、铁路、机场、通信、水电煤气等公共设施，也包括教育、科技、医疗卫生、体育、文化等

（表格左侧合并单元格：我国民用工业敏捷动员体系构成要素）

　　基于我国国情，动员决策领导分系统和管理协调分系统均包括国家级、省级、市级和县级四个层级的相关机构。国家最高权力机关以及国家和地方各级政府组成决策领导分系统；国家和地方各级国民经济动员协调机构即国民经济动员办公室组成管理协调分系统；相关行业主管部门、民用工业各行业企业等构成动员执行分系统；动员计划、物资储备、研发维护、动员信息、政策法规、基础设施等构成动员支持保障分系统。各分系统之间及其内部主要是逐级、梯次地发生关系，不存在越级领导、越级管理以及越级反馈的问题。

　　从所构建的动员联盟看，我国民用工业动员体系的决策领导、管理协调、动员执行三个分系统在支持保障分系统的支持下，根据发生的紧急事件类型、危害程度、动员需求等以动态的、可重构的方式组建民用工业动员联盟，开展动员活动，完成动员任务。

　　对比图3-6与图3-20可以发现，我国现有民用工业动员体系存在以下问题：

　　第一，分系统内部纵向层级较多。在我国民用工业动员体系中，决策领导分系统和管理协调分系统内部纵向层级存在国家、省、市、县四级，相对较多，客观上增加了分系统内部沟通的层级，不利于在紧急事件突发时进行快速沟通和动员响应。

第二，管理方式为逐级，缺少灵活性。在我国民用工业动员体系中，特别是决策领导分系统和管理协调分系统，均根据我国的行政管理体制进行逐级管理，即便是在非常紧急的关头，也不存在越级管理的现象，因此，指令一级一级下发，信息一级一级反馈，不利于在紧急关头体系的快速响应。

第三，行业之间配合不默契。在动员执行分系统中，不同行业之间信息传递渠道不畅，相互之间配合不紧密，导致在动员活动开展之后，行业之间不能有效配合，影响动员任务的高效完成。比如在 2008 年我国南方出现了罕见的雨雪冰冻灾害，造成输电线上大量冰凌形成，电塔被毁、供电中断，危机时刻，内蒙古自治区鄂尔多斯市承担了煤炭动员任务，为南方紧急供应煤炭，但是因为煤炭运输问题制约了动员任务的快速完成，直到内蒙古自治区采取交警上路强行拦截车辆的办法运输问题才得以解决。

第四，动员联盟成员的筛选不尽科学合理。在我国，决策领导、管理协调、动员执行三个分系统可以根据所发生紧急事件类型、危害程度、动员需求的不同，建立动员联盟，以动态、可重构的方式运行，但是由于有关信息的准确性或实用性相对较低，比如预警信息的实用性相对较低、潜力数据的可靠性相对不足，导致动员联盟成员的筛选不够科学合理，动员联盟的功能不能有效和充分发挥。比如在 2008 年汶川地震发生后，灾区急需 90 万顶帐篷，当时我国帐篷的年生产能力超过 3000 万顶，月生产能力超过 250 万顶，可是，民政部用了一个月的时间通过在全国范围内对帐篷进行紧急筹集才完成了动员任务；再比如 2012 年 7 月 21 日河北省大部地区出现降雨天气，其中中北部地区出现强降雨，由于预警信息的实用性相对较低，当地有关部门和居民未能及时准确判断灾害的危害程度，导致河北省 9 市 59 个县、区发生极大的洪涝、风雹灾害，造成了巨大的生命和财产损失。

3.3.2 体系的运行机理分析

从体系的运行看，在动员准备阶段，体系按照"三级协同共目标"的机理运行，首先，通过各个分系统内部的运行，使各个分系统逐步得到完善，体系能力得到提升；其次，通过分系统之间的运行，体系的支持保障功能得到进一步完善，体系的四大能力得到进一步增强；最后，通过四大能力之间的耦合运行，体系的四大能力得到进一步提升，民用工业敏捷动员基础得到增强。

在动员实施过程中，体系按照"三层五环节一目标"的机理运行。在动力层的驱动下，体系的能力层借助实现层发挥作用，通过预警反馈、分析判断、下达动员指令、组建动员联盟和生产动员产品五个环节实施动员，实现体系的运行目标，即动员实施目标。

在动员复员过程中，体系依然按照"三层五环节一目标"的机理运行。此时，体系在逐渐减弱的动力层动力的作用下，体系的能力层借助实现层发挥作用，使体系按照警情反馈、分析判断、下达复员指令、解体动员联盟和缩减动员产品生产五个环节运行，使体系逐渐恢复到常态运行，动员复员目标实现。

但是由于我国民用工业动员体系在结构上存在的问题，导致体系在运行过程中存在效率较低的问题。

第一，分系统内部层级较多将降低体系运行效率。在动员准备阶段，由于分系统内部纵向层级较多，导致信息传递效率下降。在分系统内部运行的过程中，会因为信息传递得不及时影响分系统内部的自协同运行，体系能力提升受到制约；同时，由于信息传递不及时，分系统之间的协同运行也会受到影响，体系的支持保障功能以及体系的四大能力提升也会受到制约，最终导致民用工业敏捷动员基础无法达到理想状态。在动员实施过程中，较多的层级不利于整个体系对外界驱动力的分析和判断，同时不利于动员指令的下达以及动员联盟的组建，导致动员产品的生产受到影响，进而影响动员实施目标的高效实现。在动员复员过程中，体系依然会因为分系统纵向层级较多，导致体系运行的效率降低，进而影响体系动员复员目标的高效完成。

第二，逐级管理的方式降低了动员实施阶段体系运行的灵活性和效率。在动员实施阶段，体系在内外驱动力的作用下，将运用自身能力，促进体系的资源重构，改变体系运行状态，完成动员任务，实现动员实施目标。但是，由于体系的逐级管理方式，使体系的预警反馈、分析判断效率降低，资源重构能力不能更好地发挥，导致体系难以借助实现层更好地完成动员任务。

第三，民用工业各行业之间配合不默契降低了体系的运行效果。在动员准备阶段，民用工业各行业之间配合不默契使动员执行分系统难以实现内部协同运行，分系统的功能无法得到充分提升。在动员实施过程中，民用工业各行业之间配合不默契将会降低动员联盟成员之间的分工协作，导致体系不能以较高的效率完成动员产品的生产。

第四，动员联盟成员的筛选不够科学合理降低了体系的动员效果。通过前述的分析可以发现，动员联盟是实现层的核心，科学筛选动员联盟成员是保证高效完成动员任务的关键。因此，不够科学合理的动员联盟成员的筛选将会在很大程度上影响动员产品的生产，影响体系对动员任务的完成效率和效果。

针对上述问题，提出如下改进建议：

第一，优化分系统内部层级。适时对动员决策领导和管理协调分系统内部的层级进行优化，合理减少动员决策领导和管理协调层级，提高决策领导和管理协调的效率以及体系的应急响应能力。考虑到民用工业敏捷动员通常都是在产生较大危害的紧急事件发生后实施的，此时，以一个县的动员能力进行动员产品的生产往往不足以满足动员需求，为此，可以考虑在现有民用工业动员体系中，减少县一级的民用工业决策领导机构和管理协调机构。

第二，增加越级管理和反馈功能。改进现有的民用工业动员领导和管理体制，特别是在特大或重大灾害发生时，适当增加决策领导分系统以及管理协调分系统的越级领导和越级管理职能，以便体系能够在内外驱动力的作用下，更好地运用自身能力，促进体系的资源重构，改变体系的运行状态，完成动员任务，实现动员实施目标。

第三，加强行业之间的配合。充分发挥民用工业动员管理协调机构的协调管理功能，促进行业之间的协同运作，以便体系在动员准备阶段充分实现体系内部的协同运行，增强体系的动员基础；在动员实施过程中，能够促使体系以较高的效率生产动员产品，完成动员任务。

第四，科学构建动员联盟。通过不断完善动员支持保障分系统的功能，特别是通过不断提升警情预报识别网络的功能，不断完善民用工业动员数据库以及动员信息网络平台，使民用工业敏捷动员体系各分系统和分系统内部各层级均具备同步警情反应、同步信息反馈与信息共享（有限共享）的能力，加强各个分系统之间的沟通和合作，促进敏捷的民用工业敏捷动员联盟的构建，为民用工业动员活动的高效实施提供有力的支持和保障。

3.4　本章小结

本章以民用工业敏捷动员体系的基本特征、构建目标和影响因子为出发点，深入讨论了民用工业敏捷动员体系的构成要素、功能、结构以及各部分之间的关系，构建了民用工业敏捷动员体系的结构理论模型。以此为基础，从影响民用工业敏捷动员体系运行的驱动因素入手，分析了民用工业敏捷动员体系运行的层次驱动模型，并以该模型为依据，分析了民用工业敏捷动员体系在动员准备、动员实施和动员复员三个阶段的运行机理。借助民用工业敏捷动员体系的结构理论模型和体系运行的层次驱动模型，对我国民用工业动员体系进行了分析。

第一，系统论认为，任何一个复杂系统都是由诸多分系统构成的，每一个分系统又可以包含众多的构成要素。本章认为民用工业敏捷动员体系应该包括以政府为主体的决策领导分系统以及管理协调分系统；包括以民用工业为客体的动员对象，也就是动员执行分系统；包括由动员计划、法律法规、动员信息、动员储备、研发维护和基础设施等构成的支持保障分系统。各个分系统又是由多个要素构成，而这些构成要素又是由下一层次的要素构成，因此，民用工业敏捷动员体系是一个由众多要素按照一定的关系构成的复杂大系统。各个分系统承担不同的功能，之间具有特定的联结关系。

第二，民用工业敏捷动员体系的决策领导分系统是实施民用工业敏捷动员的决策领导核心，一般由具有民用工业动员决策领导职能的相关政府机构构成；管理协调分系统主要由具有民用工业动员管理协调职能的机构构成，用于落实决策领导机构的决定，管理协调全国、各部门及地方的民用工业动员工作；动员执行分系统通常由各级民用工业行业主管部门及相关企事业单位构成，用于执行和完成具体的动员任务；支持保障分系统是民用工业敏捷动员体系的重要组成部分，为民用工业敏捷动员提供警情预报及识别、动员计划、政策法规、物资储备、动员信息、研发维护、基础设施等方面的支持，是实现民用工业敏捷动员的有力保障。

第三，构成民用工业敏捷动员体系的动员决策领导、管理协调、动员执行和支持保障四个分系统之间的关系十分复杂，不仅各个分系统之间具有一定的纵横向关系，而且同一分系统内部各要素之间也具有一定的纵横向关系，这些关系纵横交错、错综复杂，合理维护和管理分系统之间的关系对于提升民用工业敏捷动员系统的动员效果具有重要作用。

第四，借助因素分析方法，分析了民用工业敏捷动员体系的运行驱动因素，并根据这些因素的特点将其分为动力层、能力层和实现层三个层次，据此构建了民用工业敏捷动员体系运行的层次驱动模型，认为不确定发生的紧急事件以及民用工业敏捷动员体系自身应对紧急事件的目标诉求构成了驱动体系运行的动力层。动力层是推动民用工业敏捷动员体系高效运行的内在动力，也是提高民用工业敏捷动员体系能力层的原始推动力。民用工业敏捷动员体系的能力层由预警反馈能力、分析判断能力、知识吸纳能力和资源重构能力构成，实现层由动员组织、动员流程、动员信息、动员人员、科技创新、动员产品生产等构成，能力层借助实现层发挥作用，实现民用工业敏捷动员体系的运行目标。

第五，分阶段讨论了民用工业敏捷动员体系的运行机理。在动员准备阶段，民用工业敏捷动员体系按照"三级协同共目标"的机理运行，"三级协同"指在动员准备阶段，民用工业敏捷动员体系运行的三个层级，一是体系各个分系统内部自协同；二是各个分系统之间的相互协同；三是体系四大能力的耦合协同。所谓"共目标"，是指上述三个运行过程的共同目标是提升民用工业敏捷动员体系的能力，增强动员基础。

第六，在动员实施阶段，体系按照"三层五环节一目标"机理运行，"三层"指体系运行的三个层次，即动力层、能力层和实现层；"五环节"指在动员实施过程中，体系按照预警反馈、分析判断、下达动员指令、组建动员联盟和开展动员产品生产五个环节实施动员；"一目标"即民用工业敏捷动员体系的动员实施目标。

第七，在复员阶段，体系按照"三层五环节一目标"运行机理。同动员实施过程类似，"三层"依然指的是动力层、能力层和实现层；"五环节"指警情反馈、分析判断、下达复员指令、解体动员联盟和缩减动员产品生产五个环节；"一目标"即指在复员指令发布后，体系快速平稳地恢复到常态运行，动员复员目标得以实现。

第八，本章最后运用民用工业敏捷动员体系的结构理论模型以及体系运行的层次驱动模型对我国民用工业动员体系进行了分析。通过分析发现，我国民用工业动员体系结构存在的问题以及由此导致的体系运行的低效率，为促进我国民用工业动员体系结构的完善和运行效率的提升提供了参考。

第4章 民用工业敏捷动员体系的动员流程及其 Petri 网模型

科学设计并分析民用工业敏捷动员体系的动员流程不仅有助于更深入认识系统的结构和功能，而且有助于从流程的角度揭示系统运行的特点和规律，发现系统缺陷和不足，对构建并优化民用工业敏捷动员体系，提升动员效果具有重要的理论和实践意义。本章将在分析民用工业敏捷动员体系结构和运行机理的基础上，进一步探讨民用工业敏捷动员体系的动员流程，尝试以 Petri 网理论为工具，构建流程视角下民用工业敏捷动员体系的 Petri 网模型，并对该模型进行优化分析和讨论，以期发现影响民用工业敏捷动员体系动员速度、效率、效果的关键节点和主要因素，为推动民用工业敏捷动员体系建设提供理论依据。

4.1 民用工业敏捷动员体系的动员流程

民用工业敏捷动员体系的动员流程，是指民用工业敏捷动员活动的实施步骤或者民用工业敏捷动员工作的时序安排。动员流程不仅影响动员实施的速度、效率和效果，同时也制约着动员实施的方向和目标的实现。因此，科学、合理、有效的动员流程，不仅是进行快速、适量、满意和可靠动员的基础，也是构建敏捷动员体系的重要内容①。

总体上看，民用工业敏捷动员分为动员准备、动员实施和动员复员三个阶段。动员准备是在国民经济和社会发展的常态时期，积蓄民用工业经济力量，增强民用工业动员潜力，强化民用工业动员基础，提高民用工业动员能力的关键阶段，同时，动员准备也是动员实施过程中快速高效地将动员潜力转化成动员实力的重要保证。动员实施是民用工业敏捷动员的核心环节，是动员指令发布后最基本、最主要的阶段，是将动员潜力转化成动员实力、完成动员任务、满足动员需求的必要阶段。动员复员是民用工业动员活动一个不可或缺的环节，对于恢复和发展工业生产，改善人民生活，医治战争或危机创伤，具有重要意义。本章将从

① 邹云松，凌晨，赖祥等. 动员流程再造浅探 ［J］. 军事经济研究，2012（8）：29-31.

动员准备、动员实施和动员复员三个阶段讨论民用工业敏捷动员的流程及运用 Petri 网理论构建民用工业敏捷动员流程模型。

4.1.1 敏捷动员准备流程

4.1.1.1 敏捷动员准备工作内容

在民用工业敏捷动员准备过程中，需要不断加强和完善民用工业敏捷动员的基础建设。在敏捷动员准备阶段，开展的主要工作有建设和完善民用工业敏捷动员机构、健全民用工业敏捷动员支持保障系统、建设和发展民用工业体系、进行民用工业敏捷动员潜力调查、开展民用工业敏捷动员演练等。可见，动员准备阶段的工作内容十分广泛。通常情况下，民用工业敏捷动员准备工作持续的时间较长，而且各项动员准备工作之间又有一定的关系，相互影响，同时，各项动员准备工作还可以并行开展（见图 4-1）。下面对动员准备阶段各项工作内容进行分析。

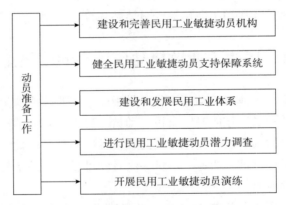

图 4-1　动员准备阶段并行工作内容示意图

4.1.1.1.1 建设和完善民用工业敏捷动员机构

从 3.1 节的讨论可知，民用工业敏捷动员体系由决策领导分系统、管理协调分系统、动员执行分系统和支持保障分系统构成，与此对应，民用工业敏捷动员机构包括决策领导机构、管理协调机构、动员执行机构和相关支持保障机构等，各类动员机构内部不仅具有纵向的层级结构，还具有横向的关联结构。因此，在敏捷动员准备阶段，需要加强民用工业敏捷动员机构建设，依法建立权威的民用工业敏捷动员决策领导机构，加强民用工业敏捷动员的统一决策和领导；完善敏捷动员管理协调机构，明确机构的性质、功能、任务和重要作用；加强民用工业动员企业、动员中心、动员保障基地等敏捷动员执行机构建设，在重要民用工业部门及厂矿企业中设立基层民用工业动员机构；加强动员支持保障相关机构，如相关动员信息机构、动员研发和培训机构、动员演练机构等的建设，以便能快速进行警情预报与识别、完备各类动员信息数据库、开展与动员相关的研发和培训、适时进行动员演练提高动员技术和素养等，以保证紧急情况发生时，能迅速启动敏捷动员决策领导分系统、动员管理协调分系统、动员执行分系统以及动员支持保障分系统，进行快速动员。此外，在进行敏捷动员机构建设的同时，还需要加强运行机制建设，调整、理顺各类敏捷动员机构之间、同类机构之间的关系；加强机构之间信息沟通与反馈机制建设，并能根据敏捷动员需求的不断变化，持续优化各类敏捷动员机构的职能和分工，保证民用工业敏捷动员工作能够全面高效地实施。

同时，3.1.5 节的分析还揭示了民用工业敏捷动员体系具有明显的双重纵向结构以及广泛的横向联系的特征（见图 3-6）。第一重纵向结构来自于敏捷动员决策领导机构、管理协调机构、动员执行机构以及支持保障机构之间，这些组织之间具有明确的上下级关系。第二重纵向结构来自于动员决策领导机构、动员管理协调机构以及相关动员支持保障机构等同类机构内部，此时，高一层级的机构对低一层级的机构具有上下级关系。在动员执行机构内部，关系相对比较复杂，在各级行业主管部门之间，具有明确的上下级关系；而在动员执行企业之间则具有广泛的联系，同一供应链上的企业，具有纵向的、上下游的企业联系，不同供应链上的企业，又存在一定的横向联系。此外，广泛的横向联系还存在于其他各类动员机构之中，如同级的相关各类机构之间就具有横向联系。

可见，民用工业敏捷动员机构数量众多，各类动员机构之间的关系比较复杂。在民用工业敏捷动员准备阶段，不仅要加强各类动员机构自身的建设，还应该加强各类机构之间连接关系的建设，明确各类机构、各层级机构具体的职能，确保民用工业敏捷动员工作快速、高效、有秩序地开展。

4.1.1.1.2　健全民用工业敏捷动员支持保障系统

动员支持保障系统对民用工业敏捷动员活动的开展具有重要的支撑作用，通常包括动员计划子系统、政策法规子系统、动员信息子系统、物资储备子系统、研发维护子系统和基础设施子系统等。

从动员规划、动员计划以及动员预案三方面着手，完善动员计划子系统。科学制定动员规划，对较长时期内民用工业敏捷动员活动进行部署和安排；合理制定动员计划，以便在紧急状态发生时，民用工业各部门能迅速、高效、有计划地由平时状态转入战时状态；完善动员预案库，使民用工业动员工作实现预先准备，为动员的高效实施提供必要保障。

从动员基本法规、动员专项法规和规章以及地方性动员法规等方面，完善政策法规子系统，形成独具特色的动员法规体系。国家最高权力机关应根据国家经济发展和国家安全要求，着眼长远，立足当前，不断完善动员基本法规，为动员专项法规以及地方性动员法规的制定提供依据。国家最高权力机关和国家最高行政机关以及其他国家机构要根据环境变化，不断对动员专项法规进行必要的补充和细化，地方各级政府也应结合本地区的实际情况，不断完善地方性动员专项规章，保障动员工作在各系统得以依法实施。

从警情预报识别网络、动员数据库、动员决策模块、动员仿真模块、动员演练模块、动员信息网络平台、动员信息网络基础设施等方面，加强动员信息子系统建设。动员信息子系统的建设要在国家和军队的统一规划、组织和领导下，在民用工业敏捷动员领域的各个方面，广泛应用信息技术，实现信息获取、传输、处理、使用及管理的数字化、网络化、智能化，高效开发、共享与利用人力、物力、财力和信息等资源，全面提高民用工业敏捷动员能力。此外，还要依托国家信息化建设的基础，充分利用现有设施和信息资源，实现国家、地方各级动员信息网络的互联互通①。

从动员资源储备制度、动员资源储备设施以及动员资源储备结构等方面，加强动员储备子系统的建设。特别要对动员资源储备的类别、品种和数量，动员资源的筹集，动员资源储备地址选择等方面进行科学管理。一方面，要储备一定数量的战略资源，保证紧急情况发生时，特别是战争爆发初期，能够满足迅速扩大的军品生产的需要；另一方面，要储备一定数量的生活物资，比如水、食盐、粮食等，保证在紧急情况下，能够满足军队和人民群众基本生活的需要。

从创新研发以及维护培训等方面，加强研发维护子系统建设。在平时，不仅要加强科研机构建设，加大科研人才培养力度，鼓励科技创新，为敏捷动员实施进行科技储备；同时，还要根据动员环境的变化，对各级民用工业敏捷动员机构工作人员进行必要的定期培训，以提高相关人员的动员意识、业务素质和工作能力。

从能源供应、供水排水、交通运输、邮电通信、环保环卫、防灾安全、教育、科技、医疗卫生、体育、文化等方面加强基础设施子系统建设，为民用工业敏捷动员的实施提供基本保障。

① 唐平舟，王志峰，陈燕. 关于现阶段国民经济动员信息化建设的思考 [J]. 商业时代，2008（21）：48-49.

由于动员准备时间长，上述工作基本可以独立开展，因此，考虑到体系的运行效率，本书认为，在动员准备阶段，可以并行开展上述工作，具体如图 4-2 所示。

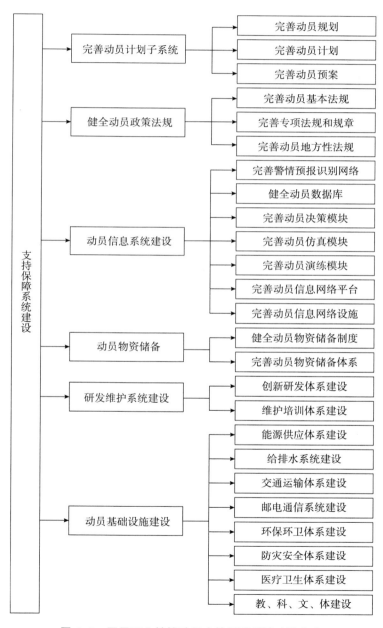

图 4-2　民用工业敏捷动员支持保障系统建设内容

4.1.1.1.3 建设和发展民用工业体系

民用工业体系是民用工业敏捷动员体系的动员客体，在平时，应采取集中与分散、常备与后备、前沿与纵深相结合的原则合理布局民用工业各产业部门，特别是对重要民用工业部门通信站、试验基地等进行科学布局和建设，提高紧急情况下民用工业的生存能力，以便快速、安全地实施民用工业敏捷动员。

此外，民用工业体系的完备程度、结构合理程度、灵活程度（或柔性程度）以及潜能是决定民用工业敏捷动员体系能否满足超常规动员需求的重要因素。在民用工业敏捷动员准备阶段，不仅应该合理布局民用工业各产业部门，还应该不断优化体系结构，提高体系柔性、增强体系潜能。

4.1.1.1.4 进行民用工业敏捷动员潜力调查

民用工业敏捷动员潜力是在战时或紧急状态发生时，民用工业各部门所能提供的应急产品的增量供给。民用工业敏捷动员潜力调查是对一个国家或地区内可能用于民用工业敏捷动员的各类资源进行收集、分析和整理的过程。通过潜力调查，了解一个国家或地区的经济发展现状以及综合资源状况，摸清现阶段民用工业各部门的产品生产现状、科技发展水平、生产力提升空间等，掌握动员物资储备情况以及各级政府、主要机关、企事业单位的状况，为准确掌握民用工业动员基础底数，正确评估民用工业可动员资源，合理编制动员规划、计划和预案提供重要依据，为民用工业敏捷动员提供重要保证。为此，在动员准备阶段，要形成民用工业敏捷动员潜力调查制度，根据动员环境的变化，制定并优化敏捷动员潜力调查表，定期开展民用工业敏捷动员潜力调查，并根据调查结果不断完善民用工业敏捷动员潜力数据库。

4.1.1.1.5 开展民用工业敏捷动员演练

民用工业敏捷动员演练是国家有关部门根据国家权力机关或政府指令，模拟紧急事件发生时的条件，针对民用工业有关部门组织的动员演习。动员演练是检验预案科学性、提高动员能力的有效途径，是实现平时经济潜力向战时保障实力转变的有力手段，是民用工业敏捷动员准备阶段的重要工作内容。通过动员演练，检验民用工业有关部门、地区和企业的动员准备情况，发现问题并及时解决问题；检验危机事件发生时，动员能力是否充足、动员措施是否得当、动员流程是否科学。根据动员演练中暴露的问题，修订完善动员方针、动员计划、动员预案、动员流程，使民用工业动员计划更加切实可行，动员预案更加完善，动员流程更为科学合理，动员准备工作更为有力①。对各级动员管理人员和生产人员进行训练，培养和提高各级民用工业敏捷动员机构及其工作人员的素质，以利于紧急状况发生时，快速、有效地实施动员。动员演练通常包括构建演练课题、制定演练标准、选择演练方法以及实施动员演练，因此，在动员准备阶段，应该加强演练课题建设、演练标准设计、演练方法制定以及动员演练实施等工作。

4.1.1.2　敏捷动员准备流程分析

动员准备是在国民经济和社会发展的常态时期，积蓄民用工业经济力量，增强民用工业动员潜力，提高民用工业动员能力的关键阶段。通常，动员准备阶段持续时间长，动员准备工作种类多，各类动员准备工作可以独立展开。因此，动员准备流程主要由并行的各类动员准备工作流程构成，具体如图 4-3 所示。

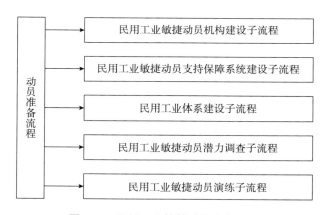

图 4-3　民用工业敏捷动员准备流程

从图 4-3 可以看出，民用工业敏捷动员准备流程包括民用工业敏捷动员机构建设子流程、民用工业敏捷动员支持保障系统建设子流程、民用工业体系建设子流程、民用工业敏捷动员潜力调查子流程和民用工业敏捷动员演练子流程等。一方面，每一类动员准备工作均由比较具体的动员工作构成，每一项动员工作自身又具有特定的工作流程，如图 4-4 所示描述了民用工业敏捷动员潜力调查子流程；另一方面，不同的动员工作之间又存在一定的联系，从而使整个动员准备流程变得非常复杂。

---

① 唐繁羚. 解放思想　与时俱进　科学地做好新时期的国民经济动员工作 [J]. 市场论坛, 2007 (2)：3-5.

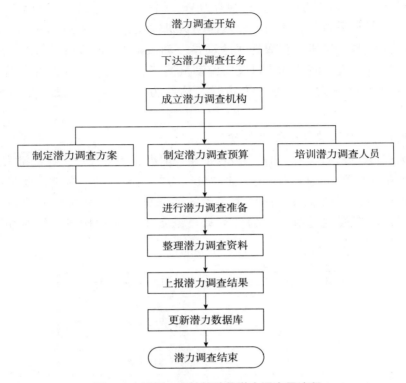

图 4-4 民用工业敏捷动员潜力调查子流程

由于民用工业敏捷动员准备工作持续时间长，动员准备的目标是强化民用工业敏捷动员基础，提高民用工业敏捷动员潜力，为敏捷动员的实施奠定基础。虽然，动员准备流程的科学性对整个动员准备工作开展的效率和效果有重要的影响，在一定程度上也会影响动员准备的成本，但动员准备流程对整个民用工业敏捷动员体系敏捷性的影响相对较弱。为此，本书重点针对民用工业敏捷动员实施流程进行研究。

4.1.2 敏捷动员实施流程

动员实施是民用工业敏捷动员的核心环节，是动员准备阶段工作成果的最终体现。通常认为由动员准备阶段转入动员实施阶段是从动员指令发布开始的，即发布动员指令是动员准备向动员实施转换的触发点。因此，以往对于动员实施流程的讨论都是从动员指令发布开始的，从而将发布动员指令之前的警情预警、分析判断、动员需求分析、确定动员任务等过程置于动员实施流程之外。但本书认为：①科学分析判断警情、及时准确形成动员决策是迅速展开快速精确动员的前提，是敏捷性的重要体现，是民用工业敏捷动员流程不可或缺的重要组成部分；②实践中，紧急状态的突发性特征决定了分析判断警情、形成动员决策并非在完成动员准备之后才开始，而是在动员准备过程中就已开始，动员准备过程的长短以及何时结束并不取决于动员准备是否完成，而是取决于紧急状态何时发生及其危害程度。因此，从上述意义上讲，民用工业敏捷动员实施包括动员转换和动员执行两个阶段，民用工业敏捷动员转换阶段是将民用工业从常态转入紧急状态的过渡阶段；民用工业敏捷动员执行阶段，是民用工业敏捷动员指令发布后，根据国家颁布的有关民用工业动员法令，按照平时制定的民用工业动员计划和动员预案，迅速转变民用工业运行体制，最大限度地发挥民用工业生产效能，确保军需民用，完成动员任务的过程。两个阶段转换的节点为动员指令发布。动员准备与动员实施并非完全的线性串联关系，而是存在一个并行过程，其中动员指令发布之前为并行过程，一旦动员指令发布，动员准备和动员转换同时结束，整个系统进入动员执行阶段。下面从动员转换和动员执行两个阶段讨论民用工业敏捷动员的实施流程。

4.1.2.1　敏捷动员实施转换阶段工作流程分析

在民用工业敏捷动员转换阶段，一旦紧急事件发生，警情预报识别系统迅速向本地动员决策领导机构上报警情，本地动员决策领导机构接到警情信息后，迅速判断警情级别，并快速做出本级组织是否能够处理该警情的决定，如果本级组织不能处理，需要迅速向上级动员决策领导机构上报并请求支援；如果本级动员决策领导机构能够处理，一方面需要向上级动员决策领导机构上报警情；另一方面继续分析动员需要和动员范围，明确动员方针，确定动员任务并下达动员指令。

可见，动员转换包括警情识别与上报、动员需求分析、发布动员指令三个环节（见图 4-5）。

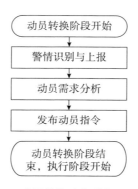

图 4-5　动员转换阶段简化工作流程

4.1.2.1.1 识别与上报警情环节

警情识别与上报通常包括预报及识别警情、分析警情类型、判断警情级别以及上报警情等工作，涉及的机构主要有预警机构、本级（或/和上级）动员决策领导机构等，其工作流程如图4-6所示。

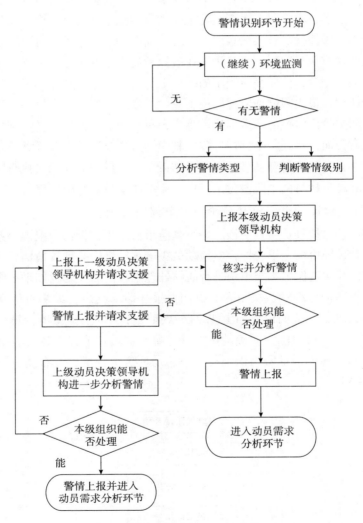

图4-6 警情识别与上报工作流程

（1）警情预报与识别。该工作由民用工业敏捷动员体系中的警情预报与识别网络承担。在通常情况下，该网络用于对客观环境进行密切监测，一旦发现紧急事件，比如地震、洪涝等自然灾害或危害国家安全或公共安全的紧急事件发生或即将发生，一方面，该网络会发出预警信号；另一方面，会对紧急事件类型及其危害程度进行初步分析和判断，并将分析结果上报给本级动员决策领导机构。

（2）警情分析和判断。该工作主要由警情预报与识别网络对已经或即将发生的紧急事件类型和危害等级进行分析和判断。紧急事件的类型可以按照不同的分类标准进行划分。为了研究问题的方便和简化紧急事件的分类，本章根据紧急事件性质的不同，将其分为战争、自然灾害和其他危害公共安全事件三类。这里的战争既可能是全面战争，也可能是局部战争，既可能是常规战争也可能是新军事变革背景下的信息化战争；自然灾害主要指危害程度和危及范围均较大的冰冻、洪水、地震等自然灾害；其他危害公共安全事件可能是金融危机、瘟疫、恐怖事件等。紧急事件的危害等级通常按照事件发生的紧急程度、发展势态、可能造成的对社会的危害程度以及影响范围等因素，分为特别重大、重大、较大和一般四个等级①。明确紧急事件类型，核实紧急事件等级，判断危害程度，是准确判断动员需求的基础，是科学开展民用工业敏捷动员实施工作的前提。

（3）警情信息上报并核实。警情预报与识别网络在对已经或即将发生的紧急事件类型以及危害程度进行分析和判断的基础上，将信息上报给本地民用工业敏捷动员决策领导机构。本级民用工业敏捷动员决策领导机构接到警情后，迅速对警情进行核实和进一步分析，明确事件类型、判定危害等级，并判断本级是否能对该紧急事件进行处理，如果对该紧急事件的处理超出了自身能力，需要迅速向上一级动员决策领导机构报告并请求支援，否则进入下一动员环节。

4.1.2.1.2　分析动员需求环节

动员需求是在某一地区遭遇紧急突发事件时，为了应对突发事件，保护国家或公共安全，维护社会生产、生活和经济秩序所产生的，是为了快速、高效应对紧急事件，民用工业各部门直接或间接提供的人力、物力、财力等经济资源的实物数量及其相应资金总额。准确的动员需求分析是科学合理确定动员范围的依据，是开展精准动员的前提，是动员转换阶段的关键环节。动员需求分析环节的工作通常由动员管理协调机构完成，该环节的工作流程如图4-7所示。

（1）动员需求预测。动员决策领导机构接到警情信息后，需要责成动员管理协调机构对动员需求进行预测。动员管理协调机构需要根据紧急事件的类型选择合适的方法②，对民用工业敏捷动员的规模、范围、产品品种、产品数量等进

①　中华人民共和国中央人民政府. 国家突发公共事件总体应急预案［EB/OL］.［2014－05－06］. http：//www.gov.cn/yjgl/2005-08/07/content_21048.htm.

②　张鸿彦. 对民用运力动员需求有关问题的探讨［J］. 国防交通工程与技术，2008（1）：14-16.

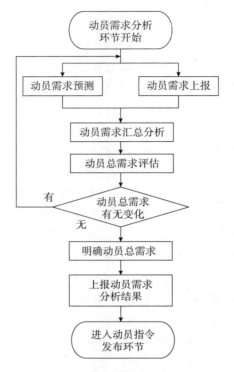

图4-7 动员需求分析工作流程

行科学预测。动员需求预测的准确程度直接影响动员需求分析结果的科学性，因此，动员需求预测是动员需求分析环节的重要工作。

（2）动员需求上报。动员管理协调机构在对动员需求进行预测的同时，要求有关动员物资使用单位和部门上报动员需求。为了减少重复上报，夸大动员需求的情况发生，通常遵循谁需要或谁使用由谁提报的原则，由需要单位或使用单位在规定的时间内向主管部门或动员管理协调机构上报动员需求。

（3）动员需求汇总分析。动员管理协调机构接到各单位上报的动员需求后，将动员需求进行分类、合并和汇总，并结合动员需求预测结果，确定动员产品品种和数量，形成动员总需求。

（4）动员总需求评估和审核。为确保动员总需求的准确性，动员管理协调机构还需要采用一定的方法对动员总需求以及动员的规模和范围进行评估和审核。通常采用的方法有专家评估法、对比评估法和对照相关标准评估法。专家评估法通常是在无参考系的情况下，聘请有关专家对动员需求进行分析评估，并提出改进意见；对比评估法主要是参考过去执行同类任务时的动员需求，提出评估意见；对照相关标准评估法主要是对照各类标准或规范，如装载标准、生产规范等进行评估。在评估过程中，当动员总需求变化不大或基本不变时，意味着动员总需求基本确定。

（5）形成动员总需求。动员管理协调机构根据动员总需求的评估和审核结果，最终确定应对该紧急状况所需要的动员资源的品种和数量，形成动员总需求。同时，在明确动员需求的过程中，还需要对外界环境的变化进行监测，以便动态地调整动员总需求，为快速、精确动员提供条件。

（6）上报动员需求分析结果。动员管理协调机构将动员总需求结果上报给动员决策领导机构，以便动员指令发布环节的启动。

4.1.2.1.3　发布动员指令环节

在动员总需求明确之后，动员决策领导机构需要依据动员总需求及相关潜力数据确定本次动员的范围，并以此为依据，形成动员总体方针，确定总体动员任务，并发布动员指令，具体工作流程如图 4-8 所示。

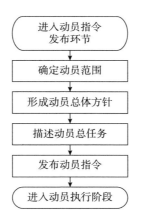

图 4-8　动员指令发布工作流程

（1）确定动员范围。动员范围是为满足动员需求，在动员管理协调机构的协助下，由动员决策领导机构确定的所需动员的区域、产业、企业和人员等。通常，动员范围的确定需要以动员总需求和相关动员潜力数据为依据。

（2）形成动员总体方针。在明确了动员总需求和动员范围之后，动员决策领导机构需要形成动员总体方针，以指导民用工业敏捷动员工作。动员总体方针是开展民用工业敏捷动员的基本纲领，不仅可以引导民用工业敏捷动员的方向，同时还有助于更好地实现动员目标。

（3）描述总体动员任务。在确定总体动员方针之后，动员决策领导机构需要将动员总需求具体化，建立动员总需求与动员总任务之间的映射关系。通常情况下，总体动员任务是与民用工业动员总需求相对应的一系列与其存在某种关系、需依据某种顺序执行的任务集合。

（4）发布动员指令。在明确了动员范围、动员方针和动员总任务后，动员决策领导机构需要及时发布动员指令，规定动员的时间、范围、任务和对象等内容，从而将有关民用工业从平时状态转入紧急状态，使民用工业敏捷动员从转换阶段进入执行阶段。

4.1.2.1.4　敏捷动员实施转换阶段工作流程小结

本小节对民用工业敏捷动员实施转换阶段的工作流程分环节进行了分析，为便于从总体上把握动员实施的转换流程，图4-9将警情识别与上报环节、动员需求分析环节和动员指令发布环节的流程进行了汇总。在民用工业动员转换阶段，一旦发现警情，要迅速对警情类型和级别进行分析，并将结果向本地动员决策领导机构进行报告，本地动员决策领导机构接到警情信息后，迅速对警情类型和级别进行核实，并迅速作出本级组织是否能够处理本次紧急事件的决定，如果本级组织不能处理，需要迅速上报上级动员决策领导机构；如果本级组织能处理，需要深入分析动员需要并对动员总需求进行评估，进而明确动员总需求和动员范围，形成动员总体方针，描述动员总任务，下达动员指令，进入动员实施环节。

4.1.2.2　敏捷动员执行阶段工作流程分析

民用工业敏捷动员执行阶段从下达民用工业敏捷动员指令开始。动员管理协调机构接到动员指令后，首先需要根据本次警情的类型进行动员预案搜索并对预案进行必要的修正；其次根据修正后的预案，一方面进行动员潜力核实，另一方面筛选符合条件的动员企业，组建敏捷动员联盟；再次根据本次动员任务的特点和类型，选择合理的动员任务分析模型，对动员任务进行分解和量化，并以此为依据，分配动员任务；最后要求动员企业执行并完成动员任务。在执行动员任务的过程中，动员企业如果发现任务缺项或异常，从而导致无法完成动员任务时，要及时上报缺项或异常任务，并由动员管理协调机构对缺项或异常任务进行重新分配，以确保各项动员任务的完成。该阶段包括搜索动员预案、核实动员潜力、组建动员联盟、分解动员任务、分配动员任务和执行动员任务等环节（见图4-10）。

4.1.2.2.1　搜索动员预案环节

选择合适的动员预案，是实现敏捷动员的关键。在接到动员指令后，动员管理协调机构需要根据本次紧急事件的类型以及动员规模，选择合适的动员预案，为动员活动的快速开展和实施节省必要的时间。该环节通常包括动员预案搜索、查找匹配预案、修正预案、上报修正预案等内容（见图4-11）。

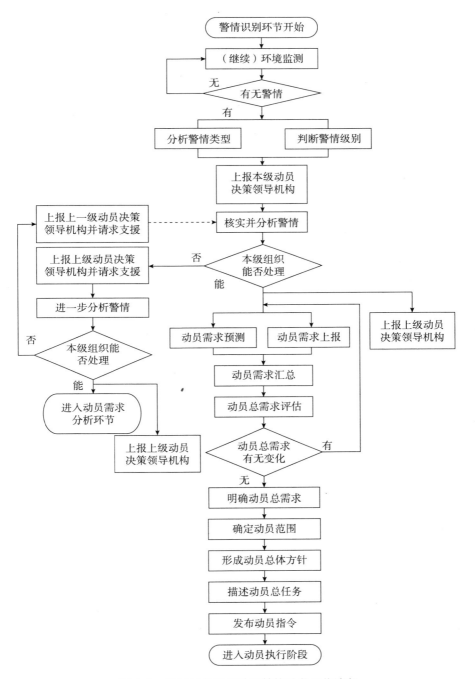

图 4-9　民用工业敏捷动员转换阶段工作流程

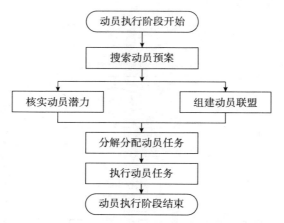

图4-10 民用工业敏捷动员实施阶段简化工作流程

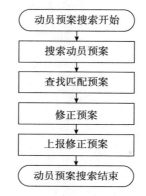

图4-11 动员潜力核实工作流程

（1）搜索动员预案。动员管理协调机构在接到动员指令之后，根据本次动员任务的类型和特点，确定本次动员预案搜索的方式和方向，启动本次动员预案搜索工作。

（2）查找匹配预案。动员管理协调机构要在最快时间内，在动员预案库中查找最接近本次动员任务的动员预案。

（3）预案修正。根据本次动员的任务和特点，对查找到的匹配预案进行适当改进，使预案更符合本次动员的特点，以便更好地依据动员预案敏捷高效地实施动员。

（4）上报修正预案。在对动员预案进行必要修正之后，需要将修正后的预案上报有关动员机构进行备案。

4.1.2.2.2 核实动员潜力环节

民用工业敏捷动员潜力是在战时或紧急状态发生时，民用工业各部门所能提供的应急产品的增量供给。为了满足动员需求，保证动员任务的落实和完成，动员管理协调机构需要分解动员任务，并将分解了的动员任务科学地分配到具体的动员地区、动员执行机构或单位。为此，动员管理协调机构需要拥有准确的动员潜力数据，这就要求进行动员潜力核实工作。也就是说，动员潜力核实是科学进行动员任务分配的前提。通常，动员潜力核实包括发布动员潜力核实命令、进行动员潜力核实准备、潜力数据核实、上报潜力核实结果、更新动员潜力数据库等内容（见图 4-12）。

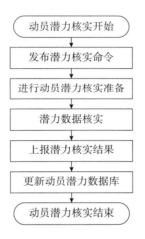

图 4-12　民用工业敏捷动员潜力核实工作流程

（1）发布动员潜力核实命令。动员管理协调机构负责对管辖区内的动员潜力进行核实。在接到动员指令后，动员管理协调机构需要下达动员潜力核实命令，以便对辖区内的各项动员人力、物力、财力等资源潜力进行核实。

（2）进行动员潜力核实准备。各级各类动员单位在接到动员潜力核实命令之后，需要设置专职或兼职人员负责动员潜力核实工作，并对有关人员进行必要培训，为动员潜力核实进行必要的准备。

（3）潜力数据核实。相关单位开始核实本单位动员潜力，通常按照预先设定的潜力核实规程、标准和方法，结合本次动员潜力核实的要求和目的，对本单位的潜力资源进行核实，并做好记录。

（4）上报潜力核实结果。根据上级要求，在规定的时间内完成本单位动员潜力核实工作，并迅速将潜力核实结果按要求准确上报。

（5）更新动员潜力数据库。根据各单位上报的动员潜力核实数据，更新动员潜力数据库，为动员任务分配和动员决策提供可靠依据。

4.1.2.2.3 组建动员联盟环节

动员联盟是敏捷动员的核心，动员联盟组建的成功与否直接影响敏捷动员实施的效果。通常动员联盟的组建包括组建动员联盟的管理层和执行层，评价动员联盟敏捷性，建立联盟成员的合作关系，完成动员联盟的组建，具体工作流程如图 4-13 所示。

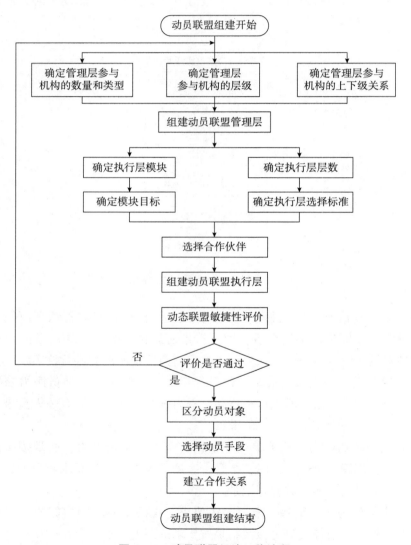

图 4-13 动员联盟组建工作流程

（1）组建动员联盟管理层。动员联盟管理层即动员联盟的内层，是根据当前紧急事件的类型、危害程度以及动员任务的需要，临时组建的，负责对本次动员活动进行全面管理。动员联盟管理层通常由相关动员决策领导机构及相关动员管理协调机构组成。在组建动员联盟管理层时，不仅要确定管理层中各类机构的数量、级别，还需要明确各类机构之间的上下级关系以及管理层的结构。一般来说，动员任务越重、涉及范围越广，管理层包含的机构数量就越多，级别也越高，管理层内部的关系也就越复杂。

常见的动员联盟管理层组织结构有单核结构、直线型结构、金字塔型结构、平行结构和联邦结构五种，如图 4-14（a）~图 4-14（e）所示[①]。

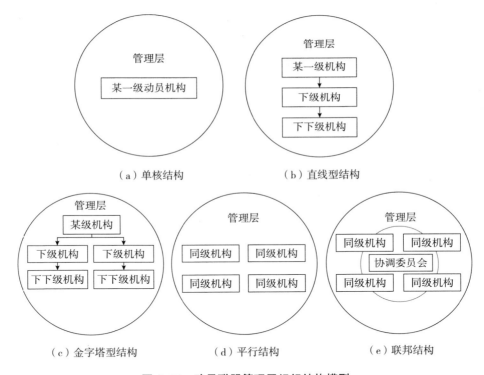

图 4-14　动员联盟管理层组织结构模型

单核结构的管理层只有一个机构，因而其结构最简单、反应最迅速，适用于动员规模小、动员任务低的场合。直线型结构的管理层通常由具有明确上下级关系同时又不具有平级关系的相关机构组成，该模式反应迅速，适用于动员规模较

① 熊康昊. 应对非常规突发事件社会救援资源动员研究 [D]. 北京理工大学博士学位论文，2013.

小、动员任务较低的场合。金字塔型结构的管理层内部各个动员机构之间具有塔状的上下级关系，该模式反应较迅速，适合动员规模较大、动员任务较强的场合。平行结构的管理层包含的动员机构级别相当，没有明确的上下级关系，该模式的适应性和灵活性最强，但稳定性不足，适用于动员任务较小，但有可能发生剧烈变化的场合。联邦结构的管理层是在平行结构的基础上增设协调委员会，用以统筹管理和协调联盟事务，稳定联盟组织，因而该模式具有较强的灵活性、适应性、稳定性和均衡性，广泛适用于各类动员，尤其适合动员需求出现平稳变动的场合。

（2）组建动员联盟执行层。动员联盟执行层即动员联盟的外层，通常根据动员任务的不同，由承担不同动员任务、参与不同动员活动的各类动员对象组成，它是开展动员活动的主要载体。为增强动员联盟的敏捷性，动员联盟执行层通常由核心执行层和松散执行层构成，其中，核心执行层主要由与完成动员任务密切相关的动员对象组成，而松散执行层由协助核心执行层完成动员任务的其他动员对象组成。随着动员活动的开展，松散执行层的结构可以根据动员任务的变化适时调整。常见的动员联盟执行层有环形结构、模块化结构和混合结构[1]。

环形结构中核心执行层由核心动员单位构成，通常根据紧急需求的类型以及动员任务的特点进行选择，松散执行层是对核心执行层的补充，由非核心动员单位构成，二者共同完成动员任务。在动员实施过程中，可以根据动员任务的完成情况对松散动员单位进行调整和补充（见图4-15）。

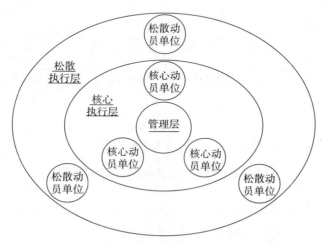

图4-15　具有环形执行层的民用工业敏捷动员联盟结构模型

---

① 熊康昊. 应对非常规突发事件社会救援资源动员研究［D］. 北京理工大学博士学位论文, 2013.

模块化结构根据不同的民用工业敏捷动员任务设置不同的动员执行模块，每个动员执行模块既可由单个动员执行单位组成，也可由多个动员执行单位组成，并由管理层统一管理和协调。动员执行模块包括储备调用模块、物资募集模块、物资生产模块、物资运输模块、物资分发模块等（见图 4-16）。

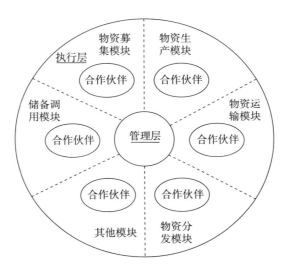

图 4-16　具有模块化执行层的民用工业敏捷动员联盟结构模型

混合结构是环形结构和模块化结构的结合，是在模块化结构的基础上，将合作伙伴细分为核心合作伙伴和松散合作伙伴。在组建动员联盟时，先选择核心合作伙伴，当依靠核心伙伴成员不能完成动员任务时，再选择松散合作伙伴，二者相互配合，共同执行相应的动员任务（见图 4-17）。

（3）敏捷性评价。民用工业敏捷动员联盟组建完成后，需要采用动员联盟敏捷性评价方法对其敏捷性进行评价，并根据评价结果优化或重组动员联盟，以提高敏捷动员联盟的敏捷性。

（4）建立合作关系。动员联盟敏捷性评价通过之后，需要根据紧急事件类型以及动员任务，进一步对动员对象进行分类和分级，选择合适的动员手段与动员对象建立合作关系。一般情况下，对于企业而言通常应采取订立合同等经济手段，对于政府组织可采取行政指令等行政手段，对于社会公众应采取募捐、征用征收等社会动员手段，至此动员联盟构建完毕。

4.1.2.2.4　分解动员任务环节

在动员实施转换阶段，动员总体任务已经形成。为了更好地执行动员任务，满足动员需求，需要将动员总体任务进一步细化，并建立动员总任务与细分动员

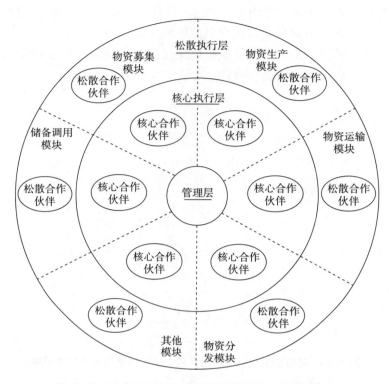

图4-17 具有混合型执行层的动员联盟组织结构模型

任务之间的映射关系，以确保动员任务的落实和执行。动员任务分解通常包括选择动员任务分解模型、分解动员任务、形成具体动员任务、确定动员任务优先级等步骤（见图4-18）。

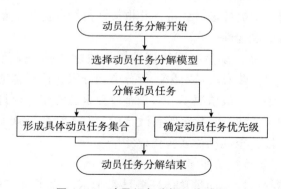

图4-18 动员任务分解工作流程

（1）选择动员任务分解模型。采用合理的动员任务分解模型是科学分解动员任务的关键。由于紧急事件发生的随机性，其造成的危害程度和范围也具有很大的不确定性，随之而产生的动员需求以及动员总体任务也不同。由于不同的紧急事件所产生的动员任务类型、数量、属性等不同，所需动员的动员单位的性质、数量、所处地区、资源等情况不同，因此，对动员任务的分配不能通过采用统一的动员任务分解模型来实现。这就要求根据动员任务及动员单位的不同特点，构建并选择动员任务分解模型①。

（2）分解动员任务。动员任务分解是确保动员任务落实的基础，是影响动员需求能否及时满足的关键。为保证动员任务的落实和完成，需要根据选定的动员任务分解模型将动员总任务分解为多个能被执行的子任务。动员任务分解具有多目标、动态性、多变量、多约束、多阶段等特点，因此，是一项系统工程。

（3）形成具体动员任务集合。动员任务集合是在动员任务分解的基础上形成并用以分类描述各种动员产品的动员量、完成时间、质量保证、服务条件的。动员任务集合与动员总任务之间具有对应关系，是分配动员任务的基础和前提。

（4）确定动员任务优先级。通常，动员产生的任务量较大，在应对紧急事件时，各项动员任务产生的作用和效果也不同，同时由于动员资源以及动员时间的约束，所有的动员任务不可能同时执行和完成，为此，需要按照动员任务的重要性程度以及对应对危机的贡献程度确定各项动员任务的优先级别，保证级别高的动员任务最先完成。

4.1.2.2.5　分配动员任务环节

动员任务分配是在前述动员任务分解的基础上，结合动员潜力核实的结果以及筛选出的动员单位，根据动员任务的轻重缓急，将各动员子任务下达到各有关备选动员单位的过程。

在民用工业敏捷动员实施过程中，动员管理协调机构负责动员任务的分配。在该环节中，首先，确定应将多少数量的某个动员产品的动员任务分配给某个动员单位，从而建立确定数量的动员任务与动员单位的映射关系。其次，动员管理协调机构需要根据动员任务分配结果，形成动员任务分配命令，并将该动员任务分配命令下达到动员任务执行单位。通常，明确的动员任务分配命令应该包括动员任务数量、动员任务执行单位以及动员任务完成时间等信息。最后，动员任务执行单位要确认所接受的动员任务并表示完成动员任务的决心（见图 4-19）。需要说明的是，动员任务分配不仅涉及对上级下达任务的分配，还包括对下级缺项、异常等任务的再分配。

---

① 洪丽琼. 国民经济动员任务分配问题［D］. 华中科技大学硕士学位论文，2009.

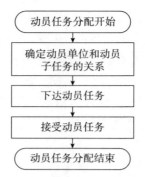

图 4-19　动员任务分配工作流程

（1）确定动员单位和动员子任务之间的关系。动员任务分配的首要环节就是在动员潜力核实、动员任务分解和动员执行单位选择的基础上，确定动员子任务和动员单位之间的关系，即明确每一个动员单位所应承担的具体的动员任务，并建立二者之间的对应关系。

（2）下达动员任务。下达动员任务就是将动员任务分解环节产生的动员任务根据其轻重缓急，按照一定的方法和顺序分配到被筛选出的动员任务执行单位的过程。通常，动员管理协调机构是下达动员任务的主体，上级动员管理协调机构根据各地区的资源和动员潜力等情况，将动员任务下达到具备相应资源和动员潜力的下级动员管理协调机构；下级动员管理协调机构根据动员任务以及本地各动员单位的资源和动员潜力等情况将动员子任务下达到筛选出的动员单位。

以我国民用工业敏捷动员体系为例，在民用工业敏捷动员过程中，各级国防动员委员会（简称国动委）是民用工业动员任务分配的领导机构；各级国民经济动员办公室（简称经动办）具体进行民用工业动员任务的分配。通常，上一级国动委根据不同地区的资源以及民用工业动员潜力情况，将不同的动员任务分配给不同的下级国动委或同级经动办，并接受下级国动委或同级经动办反馈的信息。上级经动办根据不同地区的资源以及民用工业动员潜力情况，将民用工业动员任务科学地分配到下级经动办。下级经动办根据民用工业动员任务以及相关动员单位的资源和动员潜力等情况，选择恰当的动员任务分配模型，最终将动员任务分配给具体的动员单位，并建立确定数量的动员任务与动员单位之间的映射关系。经动办根据动员任务的分配结果，形成明确的动员任务命令，并将该动员任务命令下达到对应的动员任务执行单位，完成民用工业动员任务的分配[1]。动员任务分解分配流程如图 4-20 所示。

---

① 洪丽琼. 国民经济动员任务分配问题 [D]. 华中科技大学硕士学位论文, 2009.

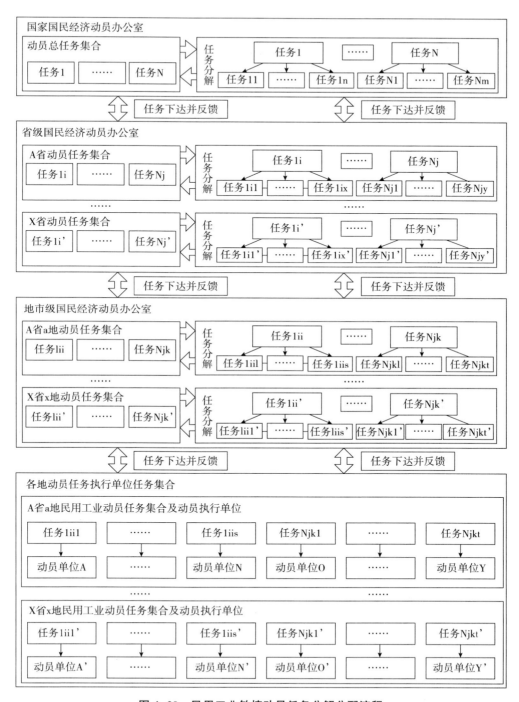

图 4-20　民用工业敏捷动员任务分解分配流程

（3）接受动员任务。各动员任务执行单位接受动员任务并表达完成任务的决心，为顺利完成各项动员任务奠定基础。

4.1.2.2.6 执行动员任务环节

民用工业敏捷动员任务执行单位接受动员任务命令之后，开始执行动员任务，并保证在规定的时间节点完成相应的动员任务。通常，生产类型的企业应该在规定的时间节点完成某种动员物资的生产，以满足相应的动员需求；物资筹备企业应该在规定的时间内筹集到相关物资；运输企业需要在规定的时间内将有关物资运送到指定地点。需要注意的是，在民用工业敏捷动员过程中，动员任务的执行往往需要持续一定的时间，在此过程中可能还会突发一些紧急事件，从而使民用工业动员任务的执行受到影响，致使某些动员任务不能如期完成，造成缺项或异常任务出现。因此，一旦发生这种情况，民用工业动员任务执行单位需要向上级领导（通常为本地动员管理协调机构）及时报告缺项或异常情况，动员管理协调机构接到报告后要对未能完成的民用工业动员任务进行重新分配。

（1）执行动员任务。该过程是动员执行单位按照要求执行动员任务以满足动员任务需求的过程。在民用工业动员实施过程中，动员任务的执行通常需要持续一定的时间。

（2）上报缺项异常任务。动员企业在执行动员任务过程中，由于动员活动的动态性，动员企业的原材料等资源可能会出现预案材料缺项，导致动员企业对上级下达的动员任务不能完成，从而产生了缺项任务。另外，在动员任务执行过程中，可能因空袭、火灾、地震等突发异常情况使动员企业对其所承担的动员任务执行能力下降，导致动员任务的执行受到影响，甚至没有能力正常完成动员任务，从而产生了异常任务。一旦出现缺项或异常任务，动员企业要迅速上报，并由动员管理协调单位对缺项和异常任务进行重新分配。

（3）继续执行动员任务。动员任务执行单位排除缺项异常任务困扰，继续执行动员任务，直至完成所承担的各项动员任务。

（4）转发缺项异常任务。缺项异常动员任务转发是指动员管理协调单位接到下级上报的缺项或异常任务后，对缺项或异常任务进行分析，若发现原有的民用工业动员单位不具备完成缺项或异常任务的能力，可以在本区域内对缺项异常任务进行重新分配，甚至上报上级机构，由上级机构转发给其他平级动员管理协调单位，实现对缺项异常任务的再分析、分配和执行。

（5）完成动员任务。民用工业动员任务完成是指相关动员任务执行单位在规定的时间内完成某种物资的生产或其他相关动员任务，及时满足民用工业动员需求。对于物资生产和征用任务，民用工业动员任务完成是指动员任务执行单位能够成功地将某种所需数量的物资在规定的时间内运送到指定的地方；对于专业保障任务，动员任务的完成表现为在规定的时间内，将所需数量和素质的某种类型的专业保障队伍集结到某地。动员任务执行工作流程如图 4-21 所示。

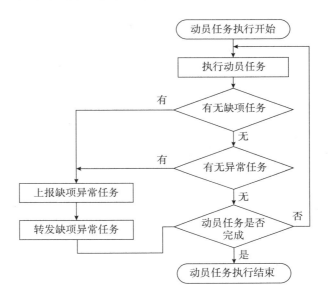

图 4-21 动员任务执行工作流程

4.1.2.2.7 敏捷动员执行阶段工作流程小结

上述对民用工业敏捷动员执行阶段的工作流程分阶段进行了分析，为了便于从总体上把握动员执行阶段的工作流程，图 4-22 将动员预案搜索、动员潜力核实、组建动员联盟、动员任务分解、动员任务分配和动员任务执行等环节的流程进行了汇总。民用工业敏捷动员执行阶段从下达民用工业敏捷动员指令开始。各级动员管理协调机构接到动员指令后，首先，进行动员预案搜索，以便查找匹配预案，并对预案进行合理修正，对修正后的预案进行上报和备案。其次，一方面，要下达动员潜力调查命令，开展动员潜力调查工作，以便对本地区的民用工业动员潜力进行核实，更新潜力数据库；另一方面，要选择动员联盟成员，组建敏捷动员联盟。最后，根据本次动员任务的特点、类型以及动员目标，选择合适的动员任务分析模型，对动员任务进行分解和量化，并对各项动员任务进行优先级排序，并以此为依据，分配动员任务。各有关动员执行单位（动员联盟执行层成员）在执行动员任务的过程中，如果发现任务缺项或异常，导致本执行单位无法完成动员任务时，要及时上报缺项或异常任务，管理协调机构还需对缺项或异常任务进行再分配，以确保动员任务全部完成。

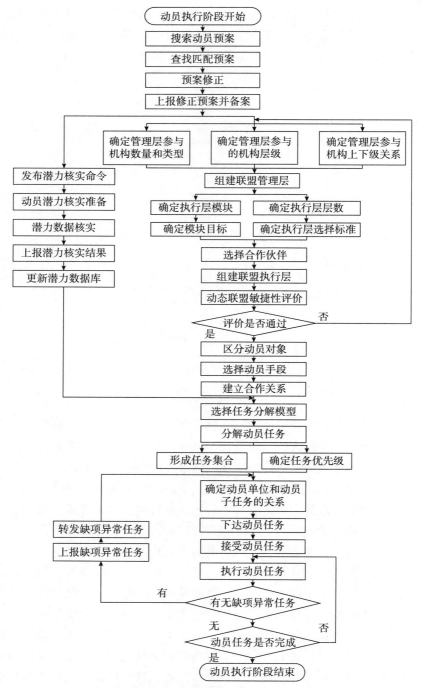

图4-22　民用工业敏捷动员执行阶段工作流程

需要指出的是，在预案制定充分，特别是在平时进行过动员演练的情况下，动员联盟管理层和执行层的组建、动员任务的分解以及动员任务优先级的确定等任务往往可以并行执行，这样的话，动员执行时间将会缩短，动员任务执行效率可以得到进一步提高。

4.1.2.3　敏捷动员实施流程分析

　　民用工业敏捷动员实施流程是在民用工业敏捷动员实施过程中，各类动员活动的实施步骤或时序安排。从总体上看，以下达民用工业敏捷动员指令为分界线，可将民用工业敏捷动员实施流程分为敏捷动员转换流程和敏捷动员执行流程。简化的民用工业敏捷动员实施流程如图 4-23 所示。若将图 4-9 和图 4-22 合并，可以得到完整的民用工业敏捷动员实施流程图。

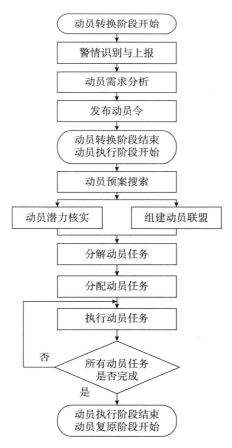

图 4-23　民用工业敏捷动员实施简化工作流程

4.1.3 敏捷动员复员流程

民用工业敏捷动员复员是及时将民用工业从紧急状态恢复到平时状态的一系列活动，是民用工业敏捷动员实施的逆过程。在敏捷动员实施过程中，当动员需求降低到一定程度且趋于稳定时，则标志着敏捷动员实施过程基本结束，敏捷动员复员开始。此时，动员决策领导机构需要及时发出复员指令。动员复员的核心内容是解体动员联盟，动员联盟的解体往往从松散执行层开始，逐渐向核心执行层渗透，直至管理层。管理层通过终止先前订立的经济合同、取消发布的行政指令以及停止征用征收等手段，解除与执行层的合作关系，并同时进行资产清算、绩效评价和利益补偿等工作，直至与所有合作伙伴解除关系，执行层解散。解散管理层之后，整个动员联盟组织解体，民用工业体系恢复常态生产，复员工作结束，转而进入下一轮动员准备阶段，复员流程如图 4-24 所示。

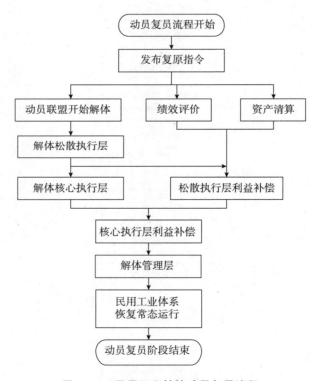

图 4-24 民用工业敏捷动员复员流程

4.1.4　敏捷动员流程小结

综合以上对民用工业敏捷动员流程的分析可以看出，在民用工业敏捷动员准备阶段，大多数动员准备工作需要定期开展，其工作目标是在保证经济系统有序运行的前提下，不断增强民用工业敏捷动员基础，提高民用工业敏捷动员潜力，增强民用工业敏捷动员能力。在民用工业敏捷动员实施阶段，时间是第一限制要素，要求在规定的时间内，完成所有的民用工业敏捷动员任务，以满足动员需求。在民用工业敏捷动员实施阶段，科学合理地对动员任务进行分配是确保适量可靠动员的关键；组建敏捷动员联盟是快速、高效完成动员任务的核心。在民用工业敏捷动员复员阶段，其工作目标是逐步恢复正常的民用工业生产秩序，保障并逐渐改善人民生活。可见，在民用工业敏捷动员准备、实施和复员三个阶段中，动员准备和动员复员阶段的时间约束较弱；而动员实施阶段对时间的要求是第一位的，所有的动员工作必须在规定的时间内开展、实施和完成，因此，对动员实施阶段流程的改进和优化就具有十分重要的意义。为此，本书重点对民用工业敏捷动员实施流程进行分析和优化。

4.2　民用工业敏捷动员体系动员流程建模

Petri 网是一种用于描述离散系统的建模工具，不仅可以通过库所、变迁和弧的连接表示系统的静态结构和功能，还能通过变迁发生和托肯的移动描述系统的动态行为，能有效地对具有分布、并发、异步、随机特征的复杂系统进行图形化和数学化建模。本书将采用 Petri 网对民用工业敏捷动员流程进行建模。

4.2.1　民用工业敏捷动员流程组成维度分析

从前面对民用工业敏捷动员流程的分析可以看出，民用工业敏捷动员流程由一系列围绕动员准备、动员实施和动员复员的活动组成，这些活动是民用工业敏捷动员流程的基本要素。民用工业敏捷动员流程中的活动根据彼此之间的关系按照某种特定顺序进行，这种活动间的逻辑关系在一定程度上控制着流程。民用工业敏捷动员活动的开展必然要借助人员、信息等资源作为输入，同时，组成民用工业敏捷动员体系的各类机构虽然也可以看成是开展民用工业敏捷动员活动所需的资源，但是他们都是以承担者的身份参与动员活动的，因此，承担者也是民用工业敏捷动员流程的要素之一。民用工业敏捷动员流程的组成维度模型如图 4-25 所示。

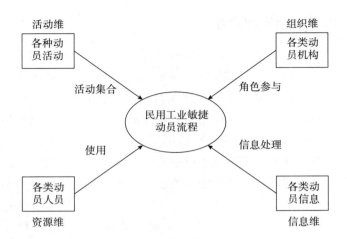

图 4-25 民用工业敏捷动员流程的组成模型

从图 4-25 可以看出，对民用工业敏捷动员流程的研究可以从组织维、活动维、信息维、资源维四个维度展开进行。组织维主要讨论民用工业敏捷动员流程的组织结构及各构成部分的功能及所需执行的动员活动，这部分内容已经在第 3章进行了详细讨论，在此不再赘述。活动维主要讨论民用工业敏捷动员流程的各项活动及其之间的逻辑关系，从 4.1 节的讨论中可以看出，民用工业敏捷动员流程的各项活动分属动员准备、动员实施和动员复员三个阶段，所包含的活动较多，活动之间的关系也比较复杂。活动维和组织维之间具有密切的关系。通常各种动员活动都需要借助于一定的组织开展，某一组织通常都需要承担一项或多项动员任务。合理划分各个组织部门的职能和分工，避免民用工业敏捷动员体系各个组成部分的功能和职能的交叉和重叠，是提高体系敏捷性的基础和保证。科学设计动员活动及活动之间的逻辑关系是进行职能分工的前提，是实现体系敏捷性的核心和关键。

此外，动员活动的开展还需要借助一定的人力资源和信息资源，二者分别构成资源维和信息维。由于民用工业敏捷动员体系的复杂性，为了适当简化动员体系的 Petri 网模型，在此假设，在进行民用工业敏捷动员过程中，体系的人力资源充沛，信息资源足够。为此，本节重点从活动维的角度构建民用工业敏捷动员体系动员流程的 Petri 网模型。

4.2.2 基于 Petri 网的民用工业敏捷动员流程建模思路

上述对民用工业敏捷动员流程的分析已经发现，不同动员活动（如动员需求分析与动员任务分解）之间存在某种依赖关系，这种依赖关系可以通过民用工业敏捷动员体系的状态以及体系的运行来反映。在动员体系的某个状态（如动员潜力核实命令下达状态）下，一些动员活动（如进行动员潜力核实准备）将发生，该动员活动的发生又将会改变体系的状态（使体系处于动员潜力核实准备状态）。在新的状态下，另一些动员活动（如动员潜力核实）又将发生，动员活动接连不断发生和体系状态不断改变的过程便是体系的运行。民用工业敏捷动员体系的流程即是在不断发生的动员活动的推动下，引起体系内部状态连续变化。在构建民用工业敏捷动员流程的 Petri 网模型时，可以将动员体系的状态与库所及托肯对应，将各种动员活动与变迁对应，将体系的运行方向与弧相对应，从而可以将动员流程的状态及其发展变化与 Petri 网的各个要素建立一一对应的关系，这样不仅使模型具有规范的形式化表示，还可以通过动员流程的 Petri 网模型描述动员流程的静态结构及其动态变化，更好地分析体系在运行过程中存在的问题。

4.2.3　民用工业敏捷动员体系动员流程的 Petri 网模型

4.2.3.1　动员流程 Petri 网模型基本结构

在民用工业敏捷动员流程 Petri 网模型中，库所和变迁是按照敏捷动员活动之间的各种逻辑结构进行连接的。常见的逻辑结构有顺序结构、并行结构、选择结构和循环结构。为便于和 Petri 网建模工具，进行更好的契合，这里用 P 表示库所，T 表示变迁。

顺序结构是不含分支的通路，在该通路上，描述民用工业敏捷动员活动的各个变迁将按照规定的先后顺序依次执行。如图 4-26 中，变迁 T_1 表示的动员活动只能按照事先约定的顺序规则在变迁 T_0 表示的动员活动执行之后运行[①]。

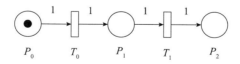

$$P_0 \quad T_0 \quad P_1 \quad T_1 \quad P_2$$

图 4-26　顺序结构

并行结构用于表示可同时执行、没有严格执行顺序的动员活动之间的关系。

---

①　胡静波. 基于 Petri 网的城市政府决策流程再造分析模型研究［D］. 哈尔滨工业大学硕士学位论文，2010.

在图 4-27 中，变迁 T_0 表示在动员活动完成后，体系的状态随之发生变化，库所 P_1 与 P_2 获得托肯，使变迁 T_1 与 T_2 表示的动员活动同时具备发生权。变迁 T_1 与 T_2 执行完毕后，库所 P_3 与 P_4 获得托肯，体系的状态随之发生变化，变迁 T_3 具备发生条件，由其表示的动员活动得以执行。需要说明的是，由于变迁 T_1 与 T_2 所表示的动员活动分别处于两个互不相关的分支上，二者之间没有任何相互制约关系，可以同时开始，也可以有先有后[①]。此时，变迁 T_3 具有同步 T_1 与 T_2 这两个分支的作用，以确保 T_1 与 T_2 都完成后再向前推进流程。

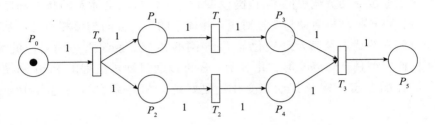

图 4-27 并行结构

选择结构用于描述彼此之间具有相互制约或排斥关系的动员活动，如图 4-28 所示，变迁 T_0 表示的动员活动执行完毕后，体系状态发生变化，库所 P_1 获得一个托肯，此时变迁 T_1 与变迁 T_2 所表示的动员活动只能有一个被执行。当 T_1 或者 T_2 执行完毕后，变迁 T_3 得以继续执行。

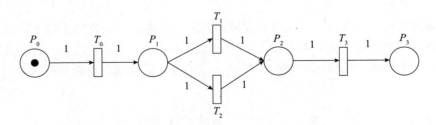

图 4-28 选择结构

当动员流程中的某一活动需要反复执行多次时，可以采用循环结构表示，如图 4-29 所示，变迁 T_0 表示的动员活动将被循环执行。

---

① 胡静波. 基于 Petri 网的城市政府决策流程再造分析模型研究［D］. 哈尔滨工业大学硕士学位论文，2010.

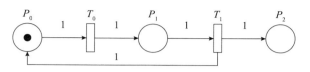

图 4-29　循环结构

4.2.3.2　动员流程上层 Petri 网模型

4.2.3.2.1　模型概述

由于民用工业敏捷动员流程比较复杂，为方便理解和构建模型，本书采用自上而下的建模思想，以动员准备、动员实施（含动员实施转换、动员执行）和动员复员等子网变迁为流程主线，建立反映民用工业敏捷动员流程概貌的上层 Petri 网模型，以便对民用工业敏捷动员流程从总体上有一个初步认识。民用工业敏捷动员流程上层 Petri 模型的图形化如图 4-30 所示。

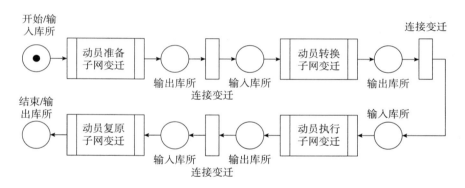

图 4-30　民用工业敏捷动员流程上层 Petri 模型

该模型规范的形式化定义如下：民用工业敏捷动员体系动员流程的 Petri 网模型可以用一个含有五个元素的随机 Petri 网 $\Sigma = (P, T; F, M_0, \lambda)$ 表示，其中 $(P, T; F, M_0)$ 是一个原型 Petri 网，P 是库所集，代表民用工业敏捷动员体系的运行状态；T 是变迁集，表示民用工业敏捷动员流程中的动员活动，例如识别警情、分解任务、选择联盟伙伴成员等；F 是表示 P 和 T 之间关系的有序偶集合，用以连接民用工业敏捷动员流程模型中的 P 元素和 T 元素，表示体系的运行方向或状态之间的逻辑关系；M_0 是体系的初始标识，表示民用工业敏捷动员流程开始时的体系状态；λ 是定义在变迁集 T 上的一个非负实数，即 $\lambda: T \rightarrow R_0$，表示满足发生条件时变迁 t_i 的发生速率。这里，假设变迁 t_i 发生的时延是一个同时间 τ 相关的随

125

机变量 $d_i(\tau) = e^{-\lambda_i \tau}$ 。这样，变迁 t_i 的平均时延则为 $d_i = \int_0^\infty e^{-\lambda_i \tau} d\tau = \dfrac{1}{\lambda_i}$ [①]。

负指数分布具有无记忆性质，如果民用工业敏捷动员流程的 Petri 网模型是一个有界的随机 Petri 网，则其可达标识图 $RG(\Sigma)$ 同构于一个有限的马尔可夫链 (MC)，该马尔可夫链的状态空间就是 Σ 的可达标识集 $R(M_0)$。

设 $\Sigma = (P, T; F, M_0, \lambda)$ 为一个随机 Petri 网，$\lambda = [\lambda_1, \ \lambda_2, \cdots, \ \lambda_n] (n = |T|)$，$R(M_0)$ 是 Σ 的可达标识集，设 $|R(M_0)| = r$，则 r 阶矩阵如式（4-1）所示：

$$Q = [q_{ij}]_{r \times r} \tag{4-1}$$

式（4-1）被称为 Σ 的速率转移矩阵，这里，r 阶速率转移矩阵上的元素 q_{ij} 通过以下途径获得：当从状态 m_i 到 m_j 有一条弧相连时，则弧上标注的速率即是 q_{ij} 的值；若从状态 m_i 到 m_j 之间没有弧相连时，则 $q_{ij} = 0$。矩阵对角线上的元素 q_{ii} 等于从状态 m_i 输出的各条弧上标注的速率之和的负值[②]，即

$$q_{ij} = \begin{cases} \lambda_k, & \text{若 } i \neq j, \text{ 且存在 } t_k \in T \text{ 使得 } M_i[t_k > M_j \\ 0, & \text{若 } i \neq j, \text{ 且不存在 } t_k \in T \text{ 使得 } M_i[t_k > M_j \\ -\sum_{M_i[t_k >} \lambda_k, & \text{若 } i = j \end{cases} \tag{4-2}$$

通过速率转移矩阵，可以求出马尔可夫链上 r 个状态（对应 Σ 的 r 个可达标识）的稳定状态概率，该稳定状态概率可以用一个 r 维向量 $\Pi = [\pi_1, \ \pi_2, \cdots, \ \pi_r]$ 表示，其中 $r = |R(M_0)|$，π_i 表示标识 M_i 的稳定概率，r 维向量 $\prod$ 满足式（4-3）：

$$\begin{cases} \Pi Q = 0 \\ \sum_{i=1}^r \pi_i = 1 \end{cases} \tag{4-3}$$

其中，Q 是概率转移矩阵，如式（4-1）和式（4-2）所示。从式（4-3）可以求得稳定状态的概率向量 $\prod$。从稳定状态概率向量 $\prod$ 可以对随机 Petri 网所模拟的实际民用工业敏捷动员流程进行相关性能评价。比如，可以求满足某特

① 郑晓东，崔志明，陈建明．基于 Petri 网运行状态的组件化软件可靠性分析方法 [J]．计算机技术与发展，2008，18（4）：5-8.

② 刘士喜，许志才，方贤文．基于随机 Petri 网的机群系统可信赖性研究 [J]．计算机工程与设计，2008，29（24）：6190-6193.

殊条件的状态集的概率等。

设 B 是 $R(M_0)$ 的一个子集，一个标识 M 是该子集中的元素且仅当 M 满足某特殊条件（代表系统的某种性能），那么通过 $\prod = [\pi_1,\quad \pi_2, \cdots, \pi_r]$ 可以求出标识子集 B 的概率如式（4-4）所示：

$$\rho(B) = \sum_{M \in B} \pi_i \tag{4-4}$$

其中，π_i 为标识 M_i 的稳定概率[①]。

4.2.3.2.2　模型功能分析

民用工业敏捷动员流程上层 Petri 网模型的主要功能如下：

第一，采用上层 Petri 网模型可以对实际的民用工业敏捷动员流程产生总体了解，有助于对实际的民用工业敏捷动员流程进行可视化建模。

第二，以民用工业敏捷动员流程上层 Petri 网模型为基础，通过对现实民用工业敏捷动员流程的深入分析，可以逐一构建民用工业敏捷动员流程上层 Petri 网模型中每个子网变迁模型，从而最终得到民用工业敏捷动员流程 Petri 网模型，使复杂的建模问题得以分层简化处理。

第三，建立民用工业敏捷动员流程图形化模型之后，可以根据不同的研究目的，采用不同的方法，对模型进行分析、优化和再造。

4.2.3.2.3　模型结构正确性分析

对 Petri 网模型结构的正确性分析，通常根据触发规则对 Petri 网模型进行运行，进而分析模型的可达性，是否存在冲突和死锁等现象。结构正确的民用工业敏捷动员流程的 Petri 网模型，必须满足以下条件：

首先，民用工业敏捷动员流程的 Petri 网模型起始库所中的托肯，在运用触发规则对 Petri 网模型进行运行后，最终有且只有一个托肯出现在结束库所（输出库所）中。其次，当结束库所出现标记时，其他所有库所都是空的（本书不考虑资源库所）。最后，民用工业敏捷动员流程 Petri 网模型中的每个变迁（活动）都是可达的。

上述条件具有一定的现实意义。第一个条件要求民用工业敏捷动员流程一旦启动，必然能够通过动员复员使体系恢复常态。第二个条件要求民用工业敏捷动员流程的 Petri 网模型一旦运行完成，本次所有的动员活动都将停止执行。第三个条件要求民用工业敏捷动员流程的每一项活动都必须对动员产生作用，不能有孤立活动成为流程中的死角。

---

① 吴哲辉. Petri 网导论［M］. 北京：机械工业出版社，2006.

4.2.3.2.4　上层 Petri 网模型正确性验证

上层 Petri 网模型正确性验证可以采用可达图进行验证分析。对于民用工业敏捷动员流程的 Petri 网模型的可达图，可以以其可达标识集 $R(M_0)$ 作为节点集，以标识之间直接的可达关系作为有向弧集构成的有向图来表示，具体算法描述如下：

（1）民用工业敏捷动员流程由初始状态 M_0 开始。

（2）当存在 M_0 时，民用工业敏捷动员流程中有效变迁发生并产生一个新的标识 M。如果在标识 M 下，存在有效变迁 t，有效变迁 t 发生之后产生新的标识 M'，引入 M' 作为可达图的一个节点，从 M 到 M' 画一条用 t 表示的弧，并以 M' 为新的标识继续由（1）开始循环；如果在标识 M 下，没有变迁发生，算法中止。

（3）当最后一个无法引起变迁发生的标识 M_s 出现时，算法中止。

如果民用工业敏捷动员流程 Petri 网模型中的每一个变迁和库所都在可达图中显示出来，并且满足民用工业敏捷动员流程 Petri 网模型在结构上正确的特征，那么该流程在逻辑上和结构上就是有效的，否则无效。不难看出，民用工业敏捷动员流程的上层 Petri 网模型在结构上和逻辑上都具有正确性。

4.2.3.3　动员实施流程上层 Petri 网模型细化

本书重点对民用工业敏捷动员实施阶段的 Petri 网流程进行细化。

4.2.3.3.1　动员转换子网 Petri 网模型细化

根据前面的讨论，动员转换子网包括警情识别与上报、动员需求分析以及动员指令发布三个环节，在对该阶段动员活动分析的基础上，画出其 Petri 网模型如图 4-31 所示，图中各变量含义如表 4-1 所示。

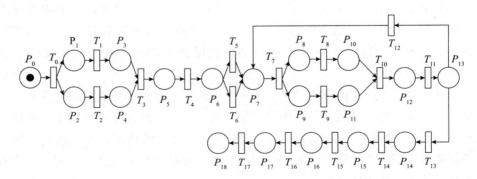

图 4-31　动员实施转换流程的 Petri 网模型

表 4-1 动员实施转换流程的 Petri 网模型各变量含义

库所	含义	变迁	含义
P_0	突然发生警情	T_0	发出报警信号
P_1	进入警情类型分析状态	T_1	分析警情类型
P_2	进入警情级别分析状态	T_2	分析警情级别
P_3	获得警情类型信息	T_3	将警情上报本级动员决策领导机构
P_4	获得警情级别信息	T_4	本级动员决策领导机构核实并分析警情,初步确定本级能否满足动员需求
P_5	本级动员决策领导机构接到警情信息	T_5	本级能满足,并向上级动员决策领导机构上报本次警情
P_6	警情已核实,本级能否满足动员需求已确定	T_6	本级不能满足,向上级动员决策领导机构上报本次警情,请求支援
P_7	警情上报完备,进入动员需求分析	T_7	开始动员需求分析
P_8	进入动员需求预测状态	T_8	预测动员需求
P_9	进入各地申报动员需求状态	T_9	各地向本级申报动员需求
P_{10}	形成动员需求预测结果	T_{10}	汇总动员需求
P_{11}	获得各地申报的动员需求	T_{11}	动员总需求评估
P_{12}	形成汇总的动员需求	T_{12}	动员总需求变化较大,重新分析动员需求
P_{13}	动员需求评估结果	T_{13}	明确动员需求
P_{14}	动员总需求确定	T_{14}	确定动员范围
P_{15}	动员范围确定	T_{15}	确定动员方针
P_{16}	动员方针确定	T_{16}	描述动员任务
P_{17}	动员任务被详细描述	T_{17}	发布动员指令
P_{18}	动员转换结束,动员实施开始		

4.2.3.3.2 动员执行子网 Petri 网模型细化

动员执行子网包括动员预案搜索、动员潜力核实、动员联盟组建、动员任务分解、动员任务分配以及动员任务执行等环节,在对该阶段动员活动分析的基础上,构建其流程 Petri 网模型如图 4-32 所示,图中各变量含义如表 4-2 所示。

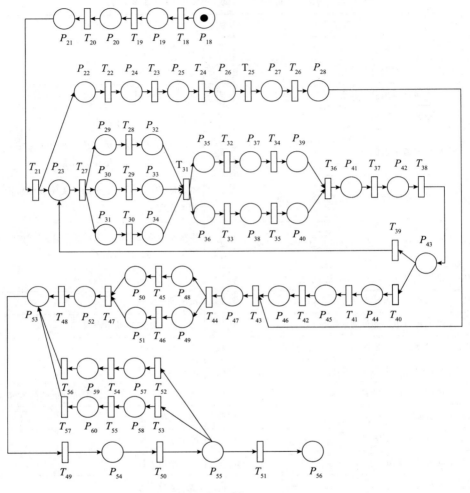

图 4-32　动员执行流程 Petri 网模型

表 4-2　动员执行流程的 Petri 网模型各变量含义

库所	含义	变迁	含义
P_{18}	动员转换结束动员实施开始	T_{18}	搜索动员预案
P_{19}	动员预案搜索结束	T_{19}	查找匹配预案
P_{20}	匹配预案查找结束	T_{20}	修正匹配预案
P_{21}	预案修正完毕	T_{21}	上报修正预案并备案
P_{22}	进入动员潜力核实状态	T_{22}	发布动员潜力核实命令

续表

库所	含义	变迁	含义
P_{23}	进入动员联盟组建状态	T_{23}	进行动员潜力核实准备
P_{24}	潜力核实命令发布完毕状态	T_{24}	核实潜力数据
P_{25}	动员潜力核实准备完毕状态	T_{25}	上报潜力核实结果
P_{26}	潜力数据核实完毕状态	T_{26}	更新潜力数据库
P_{27}	潜力核实结果上报完毕状态	T_{27}	开始组建敏捷动员联盟
P_{28}	潜力数据库更新完毕状态	T_{28}	确定管理层参与机构的数量和类型
P_{29}	进入确定管理层参与机构的数量和类型状态	T_{29}	确定管理层参与机构的层级
P_{30}	进入确定管理层参与机构的层级状态	T_{30}	确定管理层参与机构的上下级关系
P_{31}	进入确定管理层参与机构的上下级关系状态	T_{31}	管理层组建完毕，开始组建执行层
P_{32}	管理层参与机构的数量和类型已确定	T_{32}	确定执行层模块
P_{33}	管理层参与机构的层级已确定	T_{33}	确定执行层层数
P_{34}	管理层参与机构的上下级关系已确定	T_{34}	确定模块目标
P_{35}	进入执行层模块选择状态	T_{35}	确定执行层选择标准
P_{36}	进入执行层层数选择状态	T_{36}	选择合作伙伴
P_{37}	执行层模块已确定状态	T_{37}	组建联盟执行层
P_{38}	执行层层数已确定状态	T_{38}	动员联盟敏捷性评价
P_{39}	执行层模块目标已确定	T_{39}	动员联盟敏捷性评价不通过，重新组建动员联盟
P_{40}	执行层选择标准已确定	T_{40}	动员联盟敏捷性评价通过，开始区分动员对象
P_{41}	合作伙伴选择完毕	T_{41}	选择动员手段
P_{42}	联盟执行层组建完成	T_{42}	建立合作关系
P_{43}	敏捷性评价结果	T_{43}	选择动员任务分解模型
P_{44}	动员对象已区分	T_{44}	分解动员任务
P_{45}	动员手段选择完毕	T_{45}	形成任务集合
P_{46}	合作关系确立，动员联盟建立完毕，开始分解动员任务	T_{46}	确定任务优先级
P_{47}	动员任务分解模型已选择	T_{47}	确定动员单位和动员子任务的关系

库所	含义	变迁	含义
P_{48}	进入任务集合形成状态	T_{48}	下达动员任务
P_{49}	进入任务优先级确定状态	T_{49}	接受动员任务
P_{50}	动员任务集合形成状态	T_{50}	执行动员任务
P_{51}	动员任务优先级已确定状态	T_{51}	继续执行动员任务
P_{52}	动员单位和动员子任务关系确定状态	T_{52}	发现缺项动员任务
P_{53}	动员任务下达状态	T_{53}	发现异常动员任务
P_{54}	动员任务接受状态	T_{54}	上报缺项动员任务
P_{55}	动员任务执行状态	T_{55}	上报异常动员任务
P_{56}	动员任务执行完毕	T_{56}	重新分配缺项动员任务
P_{57}	缺项动员任务出现	T_{57}	重新分配异常动员任务
P_{58}	异常动员任务出现		
P_{59}	缺项动员任务上报等待下发状态		
P_{60}	异常动员任务上报等待下发状态		

4.2.4 动员实施阶段的 Petri 网模型

将动员转换阶段和动员执行阶段的 Petri 网子网模型组合到一起，就形成了民用工业敏捷动员实施阶段的 Petri 网模型（见图 4-33），图中各变量的含义同前。

在某些特定的情况（如预案准备比较充分，动员演练比较成功）下，考虑到各个活动的执行顺序以及相互之间的逻辑关系，动员联盟管理层和执行层的组建、动员任务的分解以及动员任务优先级的确定等任务往往可以并行执行，这样的话，模型中 T_{28}、T_{29} 以及 T_{30}（连同有关库所）表示的动员联盟管理层子网，与 T_{32} 至 T_{35}（连同有关库所）构成的动员联盟执行层子网可以并行执行。同时 T_{43} 至 T_{46} 构成的动员任务分解子网可以与动员联盟组建子网并行，以提高动员效率，同时动员体系的敏捷性也会有所提升。特定情况下的模型如图 4-34 所示。

图 4-33 与图 4-34 相比，去掉了动员联盟管理层组建完毕和开始组建动员联盟执行层之间的连接变迁 T_{31}，并在选择动员任务分解模型变迁 T_{43} 之前增加了前置库所 P_{47}，表示进入动员任务分解模型的选择状态。

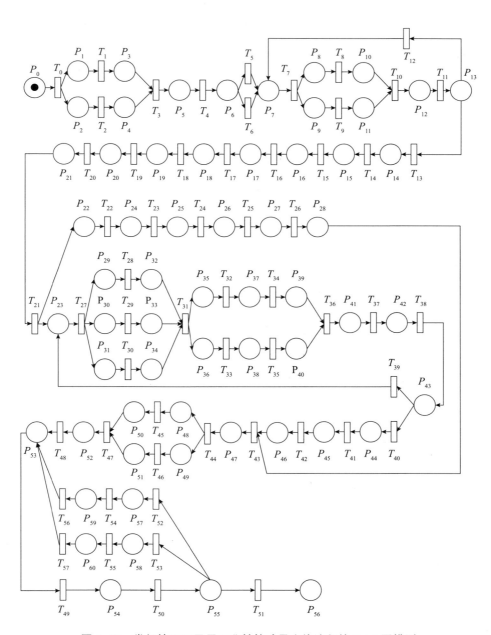

图 4-33　常规情况下民用工业敏捷动员实施流程的 Petri 网模型

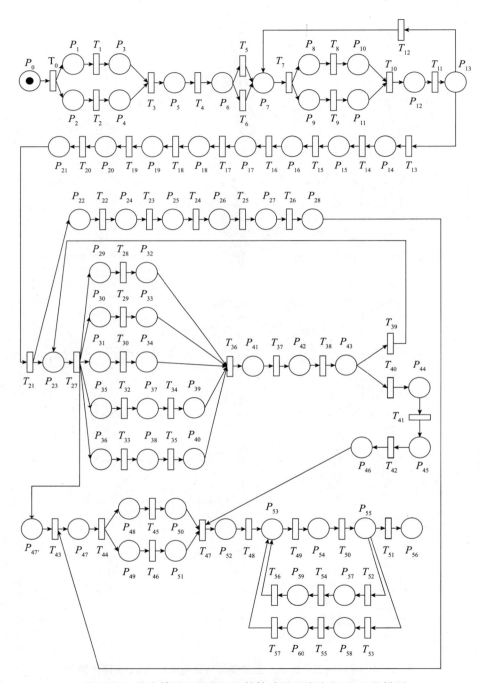

图 4-34　特定情况下民用工业敏捷动员实施流程 Petri 网模型

需要说明的是，该优化模型仅仅是在特定情况下对图 3-33 所示模型的一种优化方式，在实际情况下，需要根据紧急事件的特点有针对性地进行优化处理。

4.3　民用工业敏捷动员体系的 Petri 网模型分析

民用工业敏捷动员体系的 Petri 网模型分析主要从两方面展开：一是模型的正确性分析；二是模型的实用性分析。正确性分析包括模型的构建是否存在结构上的问题，比如是否存在死锁、冲突等；模型是否能够正确运行等。模型的实用性分析主要考虑模型的构建是否有利于满足民用工业敏捷动员体系建设的目标要求。从前面的讨论可知，民用工业敏捷动员体系建设的首要目标是系统的敏捷性，即要求体系能够快速地进行动员响应。因此，当民用工业敏捷动员体系动员流程的 Petri 网模型建立之后，必须分析该模型能否满足动员敏捷性的要求，能否在较快的时间内对紧急事件进行响应，并实施动员。这就要求对体系的平均响应时间进行定量分析和评估，以便分析该模型能否满足体系设计的敏捷性目标要求。下面从模型的正确性和实用性两个方面进行分析。

4.3.1　模型的正确性分析

模型的正确性分析包括结构正确性和运行正确性，由于该模型库所数量较大，将会引起状态空间爆炸，为此，在不影响对模型结构和运行正确性判断的基础上，先对图 4-33 所示的常规的民用工业敏捷动员体系动员流程的 Petri 网模型进行形式化简。

4.3.1.1　模型形式化简

模型形式化简是在不影响对模型运行性能分析的基础上，将模型中的顺序、并行、选择和循环结构进行等价化简的过程。

第一次化简：等价替换模型中的顺序结构和并行结构。

模型中 P_1、T_1 和 P_3 与 P_2、T_2 和 P_4 构成并行结构，可以用等价库所 P_{1-4} 代替，该库所表示警情的类别和级别信息已明确；P_8、T_8 和 P_{10} 与 P_9、T_9 和 P_{11} 构成并行结构，可以用等价库所 P_{8-11} 代替，该库所表示动员需求预测结果和各地申报的动员需求已经明确；具有顺序结构的变迁 T_{13} 至 T_{21} 的变迁及其中的库所可以用变迁 T_{13-21} 代替，表示从明确动员需求到上报修正预案并备案之间的所有活动；库所 P_{22} 至 P_{28} 的变迁具有顺序结构，可以用一个库所 P_{22-28} 代替，表示从动员潜力核实开始到结束的状态；P_{29} 至 P_{34} 的库所和变迁可以用 P_{29-34} 代替，表示动员联盟管理层组建完毕状态；P_{35} 至 P_{42} 的库所和变迁可以用 P_{35-42} 代替，表示动员联盟执行层组建完毕状态；P_{48}至P_{51}的库所和变迁可以用库所P_{48-51}代替，表示动员任务集合和动员任务的优先级已经确定；T_{52}至T_{57}的变迁和库所可以用变迁T_{52-57}代替，表示发现并上报缺项或异常任务。初步化简后的图形如图4-35所示。

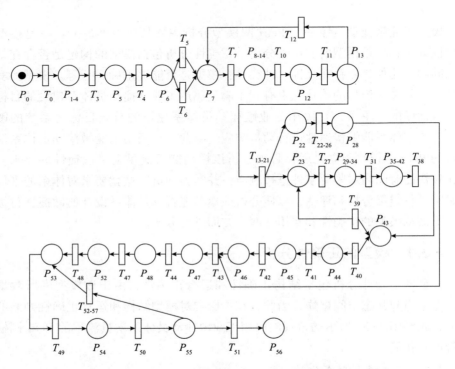

图4-35　第一次化简后的民用工业敏捷动员实施流程的 **Petri** 网模型

第二次化简：进一步等价替换模型中的顺序、并行和选择结构。

将T_0至T_4的变迁和库所用变迁T_{0-4}代替，表示体系从发出报警信号到本级动员决策领导机构核实并分析警情，初步确定本级能否满足动员需求期间所执行的活动；将T_5及T_6两个选择变迁用T_{5-6}代替，表示本级向上级动员决策领导机构上报本次警情，并根据紧急事件危害程度决定是否请求支援；将T_7至T_{11}中的变迁和库所用变迁T_{7-11}代替，表示从开始动员需求分析到动员总需求评估之间的活动；将T_{27}至T_{38}中的变迁和库所用变迁T_{27-38}代替，表示从开始组建敏捷动员联盟到动员联盟敏捷性评价之间的活动；将P_{44}至P_{46}中的库所和变迁用库所P_{44-46}代替，表示动员联盟合作伙伴之间的合作关系建立完毕，开始进入分解动员任务的状态；将P_{47}至P_{52}中的库所和变迁用库所P_{47-52}代替，表示动员单位和动员子任务之间的关系已经确立完毕；将 T_{49}、P_{54} 及 T_{50} 用变迁 T_{49-50} 代替，表示接受并执行动员任务。进一步化简后的模型如图 4-36 所示，各个库所和变迁所代表的含义如表 4-3 所示。

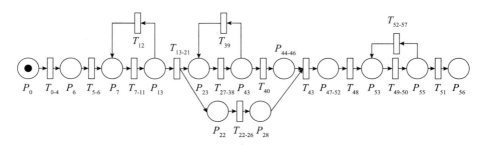

图 4-36　民用工业敏捷动员实施阶段 Petri 网模型第二次化简

表 4-3　民用工业敏捷动员实施阶段 Petri 网模型第二次化简后各变量含义

库所	含义	变迁	含义
P_0	突然发生警情	T_{0-4}	发出报警信号，分析警情，将警情上报本级动员决策领导机构，本级动员决策领导机构核实并分析警情，初步确定本级能否满足动员需求
P_6	警情已核实，本级能否满足动员需求已确定	T_{5-6}	本级向上级动员决策领导机构上报本次警情，并根据紧急事件危害程度决定是否请求支援
P_7	警情上报完备，进入动员需求分析	T_{7-11}	开始动员需求分析，预测动员需求，各地向本级申报动员需求，汇总动员需求，进行动员总需求评估
P_{13}	动员需求评估结果	T_{12}	动员总需求变化较大，重新分析动员需求
P_{22}	进入动员潜力核实准备状态	T_{13-21}	明确动员需求、动员范围、动员方针、动员任务、发布动员指令、搜索动员预案、查找匹配预案、修正匹配预案、上报修正预案并备案
P_{23}	进入动员联盟组建状态	T_{22-26}	发布动员潜力核实命令、准备动员潜力核实、核实潜力数据、上报潜力核实结果、更新潜力数据库
P_{28}	动员潜力数据库更新完毕状态	T_{27-38}	组建敏捷动员联盟管理层和执行层、动员联盟敏捷性评价
P_{43}	动员联盟敏捷性评价结果	T_{39}	动员联盟敏捷性评价不通过，重新组建动员联盟

库所	含义	变迁	含义
P_{44-46}	动员对象已区分，动员手段选择完毕，合作关系建立完毕，进入分解动员任务状态	T_{40}	动员联盟敏捷性评价通过，区分动员对象
P_{47-52}	动员单位和动员子任务关系确定状态	T_{43}	选择动员任务分解模型
P_{53}	动员任务下达状态	T_{48}	下达动员任务
P_{55}	动员任务执行状态	T_{49-50}	接受并执行动员任务
P_{56}	动员任务执行完毕	T_{51}	继续执行动员任务
		T_{52-57}	发现、上报并重新分配缺项、异常动员任务

为便于分析，将图 4-36 中各个库所和变迁的标号重新编号，如图 4-37 所示，图中各变量的含义如表 4-4 所示。

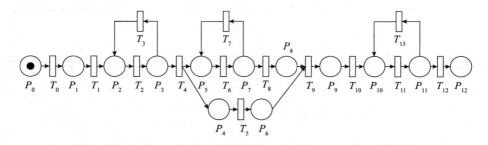

图 4-37　第二次化简并重新编号的民用工业敏捷动员实施流程 Petri 网模型

表 4-4　第二次化简并重新编号的民用工业敏捷动员实施流程 Petri 网模型各变量含义

库所	含义	变迁	含义
P_0	突然发生警情	T_0	发出报警信号，分析警情，将警情上报本级动员决策领导机构，本级动员决策领导机构核实并分析警情，初步确定本级能否满足动员需求
P_1	警情已核实，本级能否满足动员需求已确定	T_1	本级向上级动员决策领导机构上报本次警情，并根据紧急事件危害程度决定是否请求支援

续表

库所	含义	变迁	含义
P_2	警情上报完备，进入动员需求分析	T_2	开始动员需求分析，预测动员需求，各地向本级申报动员需求，汇总动员需求，进行动员总需求评估
P_3	动员需求评估结果	T_3	动员总需求变化较大，重新分析动员需求
P_4	进入动员潜力核实准备状态	T_4	明确动员需求、动员范围、动员方针、动员任务、发布动员指令、搜索动员预案、查找匹配预案、修正匹配预案、上报修正预案并备案
P_5	进入动员联盟组建状态	T_5	发布动员潜力核实命令、准备动员潜力核实、核实潜力数据、上报潜力核实结果、更新潜力数据库
P_6	动员潜力数据库更新完毕状态	T_6	开始组建敏捷动员联盟至动员联盟伙伴选择、组建联盟执行层、动员联盟敏捷性评价
P_7	敏捷性评价结果	T_7	动员联盟敏捷性评价不通过，重新组建动员联盟
P_8	动员对象已区分，动员手段选择完毕，合作关系建立完毕，进入分解动员任务状态	T_8	动员联盟敏捷性评价通过，区分动员对象
P_9	动员单位和动员子任务关系确定状态	T_9	选择动员任务分解模型
P_{10}	动员任务下达状态	T_{10}	下达动员任务
P_{11}	动员任务执行状态	T_{11}	接受并执行动员任务
P_{12}	动员任务执行完毕	T_{12}	继续执行动员任务
		T_{13}	发现、上报并重新分配缺项、异常动员任务

模型的形式简化方法不仅提供了一种分析模型的方法，而且从另一个侧面给出了优化模型以及在实际动员过程中，根据紧急事件发生的情况以及平时动员准备的程度和水平，灵活改变动员流程的技巧，如图 4-34 所示的模型就是针对实际情况对标准模型进行的适应性改变。

4.3.1.2　模型结构正确性分析

结构正确性分析主要分析模型是否存在冲突、死锁等问题。常用的方法有可达标识图与可覆盖性树、关联矩阵与状态方程等。由于化简后的模型结构比较简单，在此采用可达标识图对模型的结构正确性进行分析。首先在图 4-37 所示模型的基础上，在 P_{12} 至 P_0 之间增加一个辅助变迁 T^*，T^* 的前集为 P_{12}，后集为 P_0，之后画出增加辅助变迁及相关弧（P_{12}，T^*）以及（T^*，P_0）之后的 Petri

网图形如图 4-38 所示，其对应的可达标识图如图 4-39 所示。在图 4-39 中，为了简化图形表示，所有标识中只记录有标识的库所，如初始标识 M_0（P_0）表示在初始状态下，只有库所 P_0 中有托肯；标识 M_2（P_2）表示在此状态下，只有库所 P_2 中有标识，以此类推。

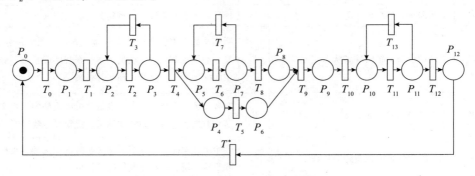

图 4-38　增加辅助变迁 T^* 之后的 Petri 网模型图

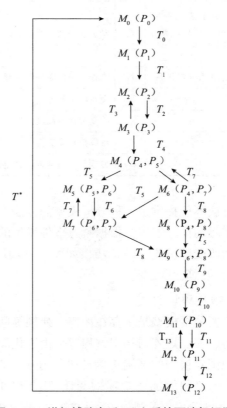

图 4-39　增加辅助变迁 T^* 之后的可达标识图

从图 4-39 可以清楚地看到，图 4-38 所示的 Petri 网模型具有如下特点：①所有库所 P 都是有界的，而且各个库所的托肯数不会超过 1，所以该模型不仅符合结构有界性要求，同时各个库所还不会发生拥堵；②图中没有死标识，所有标识都是可达的，符合可达性要求；③图中所有变迁都能被执行到，没有死变迁，所有变迁都是活的；④图中循环执行的变迁可以通过人为因素进行控制，故而不会发生死锁。所以，从结构上看，该模型是正确的。

4.3.1.3　模型运行正确性分析

模型运行正确性分析主要分析模型是否能够正确地结束。从图 4-39 所示的可达标识图可以看出，如果去掉变迁 T^* 的影响，该模型一旦被执行，将会正确运行到模型的结束状态，而且当模型运行结束之后，除了结束库所外，其他库所中均不存在托肯，所以，该模型的运行具有正确性。

4.3.2　模型的时间性能分析

模型的敏捷性分析重点在于讨论该模型能否有助于民用工业敏捷动员体系在较快的时间内对紧急事件进行响应，并实施动员。这就要求采用科学的模型性能分析技术，对体系的平均响应时间进行定量分析和评估，以便分析该模型能否满足体系设计的敏捷性目标要求。

体系的平均响应时间即指从动员流程开始到动员流程结束之间的时间间隔，由平均服务时间和平均等待时间构成。平均服务时间即体系用于执行具体动员活动或任务所花费的时间，在该模型上，表现为一个托肯从输入库所到达输出库所所需的时间间隔；平均等待时间是指受系统资源（如人力资源、信息资源等）的限制，导致每一动员活动在被执行之前需要等待的时间。为了讨论的方便，这里假设在动员执行过程中，各类资源充足，不影响动员活动的执行。因此，在此情况下，动员流程的响应时间即由体系或模型的平均服务时间决定。下面将利用随机 Petri 网（SPN）和概率论的知识对民用工业敏捷动员体系动员流程的 Petri 网模型的时间性能，即模型的平均服务时间进行分析。

在 4.2.3.1 节已经对动员流程 Petri 网模型的顺序、并行、选择和循环四种基本结构进行了简单介绍，不难看出，民用工业敏捷动员流程的 Petri 网模型是由这四种基本结构组合而成的，为便于模型的时间性能分析，先对这四种基本结构进行等价化简。

4.3.2.1　四种基本结构的等价化简

顺序结构等价化简：若时间变迁 T 与 n 个顺序执行的时间变迁 $T_i(1 \leqslant i \leqslant n)$ 组成的子网具有相同的平均执行时间，则二者等价，等价关系如

图 4-40 所示。

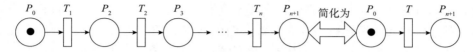

图 4-40　顺序结构时间性能等价化简

并行结构等价化简：若时间变迁 T 与 n 个并行执行的时间变迁 $T_i(1 \leq i \leq n)$ 组成的子网具有相同的平均执行时间，则二者等价，等价关系如图 4-41 所示。

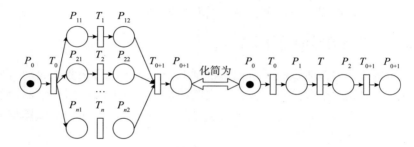

图 4-41　并行结构时间性能等价化简

选择结构等价化简：若时间变迁 T 与 n 个可选择执行的动员活动 $T_i(1 \leq i \leq n)$ 组成的子网具有相同的平均执行时间，则二者等价，等价关系如图 4-42 所示。

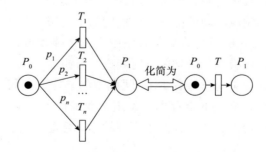

图 4-42　选择结构时间性能等价化简

循环结构等价化简：若时间变迁 T 与循环执行的动员活动 T_1 和 T_2 组成的子网具有相同的平均执行时间，则二者等价，等价关系可以用图 4-43 表示。

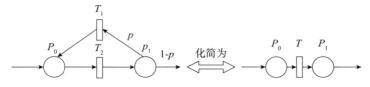

图 4-43　循环结构时间性能等价化简

4.3.2.2　等价变迁的时间计算

在图 4-40 至图 4-43 中，假设时间变迁 T_1，T_2，$\cdots$，T_n 的执行时间为 n 个相互独立且分别服从参数为 λ_1，λ_2，$\cdots$，λ_n 的指数分布的随机变量，则时间变迁 T_1，T_2，$\cdots$，T_n 的平均执行时间分别为 $\frac{1}{\lambda_1}$，$\frac{1}{\lambda_2}$，$\cdots$，$\frac{1}{\lambda_n}$。若设等效的时间变迁 T 的平均执行时间为 $\frac{1}{\lambda}$，则在顺序、并行、选择和循环结构中，分别有：

$$\frac{1}{\lambda} = \sum_{i=1}^{n} \frac{1}{\lambda_i} \tag{4-5}$$

$$\frac{1}{\lambda} = \sum_{i=1}^{n} \frac{1}{\lambda_i} - \sum_{i=1}^{n-1} \sum_{j=i+1}^{n} \frac{1}{\lambda_i + \lambda_j} + \sum_{i=1}^{n-2} \sum_{j=i+1}^{n-1} \sum_{k=j+1}^{n} \frac{1}{\lambda_i + \lambda_j + \lambda_k} + \cdots + (-1)^{n-1} \frac{1}{\sum_{i}^{n} \lambda_i} \tag{4-6}$$

$$\frac{1}{\lambda} = \sum_{i=1}^{n} \frac{P_i}{\lambda_i} \tag{4-7}$$

$$\frac{1}{\lambda} = \frac{1}{1-p}\left(\frac{p}{\lambda_1} + \frac{1}{\lambda_2}\right) \tag{4-8}$$

其中，p 为相应动员活动执行的概率。

另外，若设等效时间变迁 T 的延时时间为随机变量 Y，则 Y 服从 n 阶超指数分布，其概率密度函数为 $F_Y(\tau) = \sum_{i=1}^{n} m_i \lambda_i e^{-\lambda_i \tau}$，$m_i = \prod_{j=1, \, j\neq i}^{n} \frac{\lambda_j}{\lambda_j - \lambda_i}$，$1 \leqslant i \leqslant n$[①]。

需要说明的是，在应用上述等价化简方法时，需要注意以下两点：

第一，在上述的顺序、并发、选择和循环四种基本结构中，均未包括瞬时变

---

① 林闯，曲扬，郑波等. 一种随机 Petri 网性能等价化简与分析方法 [J]. 电子学报，2002，30（11）：1620-1623.

迁，若包含瞬时变迁，则由于瞬时变迁的执行时间为 0，其变迁速率将为 ∞，因此，在计算各类等价变迁的平均执行时间的公式中，与瞬时变迁相关的项将全部为零，因此，在计算等价变迁的平均执行时间时可以忽略瞬时变迁，据此，可以将顺序、并发、选择及循环结构进行扩展，并且保证等效变迁平均执行时间的计算公式不变。

第二，在模型等价化简过程中，等效的时间变迁服从超指数分布。因此，如果继续对模型进一步化简，则会是一种近似求解。由于超指数分布与指数分布的性质非常相似，近似求解产生的误差非常小，因此，为方便计算，在实际应用中，通常用指数分布代替超指数分布进行近似计算。

4.3.2.3　时间性能分析

从总体上看，民用工业敏捷动员体系的动员流程模型是由敏捷动员转换模型和敏捷动员执行模型构成的顺序结构模型。在动员转换流程中，警情识别与上报、动员需求分析和发布动员指令三个环节又组成顺序结构；在动员执行流程中，动员潜力核实与动员联盟组建形成并行结构，并与动员预案搜索、动员任务分解分配和动员任务执行构成顺序结构。

进一步分析图 4-33 可以看出，T_1 和 T_2，T_8 和 T_9，T_{28}、T_{29} 和 T_{30}，T_{45} 和 T_{46} 分别构成了并行结构，可以用等价变迁 T_{1-2}、T_{8-9}、T_{2830} 至 T_{4546} 替换，等价变迁的执行时间可以采用式（4-6）计算；T_{52}、T_{54} 和 T_{56} 以及 T_{53}、T_{55} 和 T_{57} 分别构成了顺序结构，可以用等价变迁 T_{5256} 以及 T_{5357} 替换，且等价变迁的执行时间可以采用式（4-5）计算，同时变迁 T_{5256} 和 T_{5357} 又构成了选择结构，二者又可以用等价变迁 T_{5257} 替换，且该等价变迁的平均执行时间可以用式（4-7）近似计算；T_{32} 和 T_{34} 以及 T_{33} 和 T_{35} 首先构成了顺序结构，其次又构成了并行结构，可以用等价变迁 T_{3235} 表示，且该变迁的平均执行时间可以用式（4-5）和式（4-6）近似计算；T_5 和 T_6 构成了选择结构，其等价变迁 T_{5-6} 的平均执行时间可以用式（4-7）计算，据此，将图 4-33 所示的模型进行第一次化简处理，消除模型中的部分并行和选择结构之后的模型如图 4-44 所示。

接下来进一步削减模型中的顺序结构，将 T_0、T_{1-2}、T_3、T_4 及 T_{5-6} 用等价变迁 T_{0-6} 替换；将 T_7、T_{89}、T_{10} 和 T_{11} 用等价变迁 T_{7-11} 替换；将 T_{13} 至 T_{20} 所有的变迁用等价变迁 T_{1320} 替换；将 T_{22} 至 T_{26} 所有的变迁用等价变迁 T_{2226} 替换；将 T_{27} 至 T_{38} 所有的变迁用等价变迁 T_{2738} 替换；将 T_{41} 及 T_{42} 用等价变迁 T_{4142} 替换；将 T_{44} 至 T_{48} 所有的变迁用等价变迁 T_{4448} 替换；将 T_{49} 及 T_{50} 用等价变迁 T_{4950} 替换，所有等价变迁的平均执行时间可以近似采用式（4-5）计算。第二次化简后的图形如图 4-45 所示。

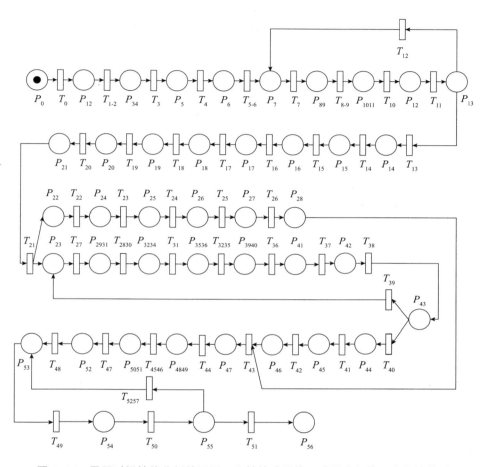

图 4-44　用于时间性能分析的民用工业敏捷动员体系动员流程第一次化简模型

接下来，还可以将图 4-45 中的循环结构进行等价变化，图中 T_{12} 和 T_{7-11}、T_{2738} 与 T_{39}、T_{4950} 与 T_{5257} 分别构成了循环结构，可以用等价变迁 T_{7-12}、T_{2739} 和 T_{4957} 等价替换，若设执行 T_{12}、T_{39} 和 T_{5257} 的概率分别为 P_1、P_2 和 P_3，则等价变迁的平均执行时间可以用式（4-8）计算。将 T_{2739}、T_{40}、T_{4142} 构成的顺变结构用等价迁用 T_{2742} 替换；T_{2226} 与 T_{2742} 构成的并行结构用等价迁用 T_{2242} 替换；将 T_{0-6}、T_{7-12}、T_{1320}、T_{21}、T_{2242}、T_{43}、T_{4448}、T_{4957} 以及 T_{51} 构成的顺序结构用等价变迁 T_{0-51} 替换，可得到模型的最终化简结果如图 4-46 所示。在此等价替换过程中，各个顺序结构的等价变迁的平均执行时间可以用式（4-5）近似计算。

图 4-46 一方面进一步验证了模型的正确性，另一方面也表明本书所构建的

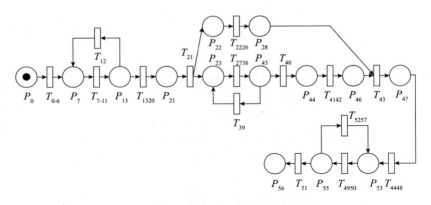

图 4-45　民用工业敏捷动员体系动员流程第二次化简模型

民用工业敏捷动员体系动员流程的平均执行时间可以通过求解变迁 T_{0-51} 的平均执行时间近似得到，为模型的定量分析奠定了基础。

图 4-46　民用工业敏捷动员体系动员流程最终化简模型

4.3.3　稳定状态概率分布分析

　　任何具有有穷个库所、有穷个变迁的连续时间的随机 Petri 网同构于一个一维连续时间的马尔可夫链，容量有界的随机 Petri 网同构于有穷马尔可夫链①，据此可以对模型的稳定状态概率进行分析。

　　首先根据图 4-39 的可达标识图构造与图 4-38 同构的马尔可夫链如图 4-47 所示，这里设时间变迁 T_0，T_1，…，T_{12} 对应的执行速率分别为 λ_0，λ_1，…，λ_{12}，辅助变迁 T^* 为瞬时变迁，对应的执行速率为 λ^*，则根据 4.2.3.1 节介绍的方法，利用式（4-1）至式（4-4）可以计算出马尔可夫链中各个状态的稳定状态概率，从而求出库所繁忙率和变迁的利用率，发现动员活动执行过程中存在的瓶颈库所以及库所繁忙率和变迁的利用率，为进一步优化动员流程提供参考。

---

　　①　林闯. 计算机网络和计算机系统的性能评价 [M]. 北京：清华大学出版社，2002.

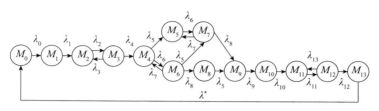

图 4-47　与图 4-39 同构的马尔可夫链

4.4　本章小结

本章首先从动员准备、动员实施和动员复员三个方面对民用工业敏捷动员体系的动员流程进行了分析，在此基础上，先对民用工业敏捷动员体系动员实施流程进行了 Petri 网建模，其次从模型的正确性、时间性能以及稳定状态概率分布三个方面对民用工业敏捷动员实施流程的 Petri 网模型进行了分析和简化，发现该模型在结构和运行两方面都具有正确性。模型的时间性能分析有助于进一步分析模型的敏捷性。稳定状态概率分布分析有助于发现体系在运行过程中可能会存在的瓶颈或拥堵问题，为体系的进一步优化提供解决方法和手段。

第一，民用工业敏捷动员准备阶段是积蓄民用工业经济力量，增强民用工业动员潜力，提高民用工业动员能力的关键阶段，该阶段的主要工作有：建设和完善民用工业敏捷动员机构、建设和完善民用工业敏捷动员支持保障系统、建设和发展民用工业体系、开展民用工业敏捷动员潜力调查、开展民用工业敏捷动员演练等。动员准备阶段持续时间长，动员准备工作种类多，各类动员准备工作可以并行展开。因此，动员准备流程由并行的各类动员准备工作流程构成。

第二，动员实施是民用工业敏捷动员的核心环节，是动员准备阶段工作成果的最终体现。本书基于对动员实施阶段的深入分析，将该阶段细化为民用工业敏捷动员转换和敏捷动员执行两个顺序执行的阶段。其中，民用工业敏捷动员转换阶段是将民用工业从常态转入紧急状态的过渡阶段；民用工业敏捷动员执行阶段是指民用工业敏捷动员指令发布后，根据国家颁布的民用工业动员法令，按照平时制定的民用工业动员计划和动员预案，迅速转变民用工业运行体制，最大限度地发挥民用工业生产效能，确保军需民用，完成动员任务的过程。两个阶段转换的节点即发布动员指令。这里，民用工业敏捷动员转换阶段包括警情识别与上报、动员需求分析、发布动员指令三个顺序执行的环节；在民用工业敏捷动员执行阶段，动员预案搜索与并行执行的动员潜力核实和动员联盟组建以及动员任务分解、动员任务分配和动员任务执行等环节构成顺序执行结构。

第三，民用工业敏捷动员复员是民用工业敏捷动员实施的逆过程，其核心内容是解体动员联盟。动员联盟的解体往往从松散执行层开始，逐渐向核心执行层渗透，直至管理层。动员联盟组织一旦解体，民用工业敏捷动员体系将恢复常态生产，意味着复员工作结束。

第四，基于对民用工业敏捷动员转换和动员执行两个阶段工作流程的深入分析，借助于 Petri 网理论，构建了民用工业敏捷动员体系动员实施流程的 Petri 网常规模型。考虑到并行执行的活动相对于顺序执行的活动而言，运行速度会提升，运行效率会提高，为此，本书又构建了特定情况下的民用工业敏捷动员体系动员实施流程的 Petri 网模型，为在实际工作中提高民用工业敏捷动员效率提供了参考。

第五，通过对所构建的模型进行简化分析，验证了模型的结构正确性和运行正确性，为模型的实际应用奠定了基础。同时还介绍了模型的时间性能分析方法，为体系的敏捷性分析奠定了基础。此外，模型的稳定状态概率分布分析法可以为进一步发现动员活动执行过程中的瓶颈库所、优化实际动员流程提供参考。

第5章 实证分析

5.1 案例概述

5.1.1 案例背景

2012年7月21日0时至22日8时，河北省中北部地区出现强降雨天气。这次强降雨是自1956年有气象记录以来涞水、涞源出现的最大一次降水，是自1963年以来，保定、承德等地遭遇的破坏性最大、致灾性最强的特大洪水灾害。在这场强降雨中，廊坊西北部，保定西部和北部多数乡镇降雨量达到200毫米以上，最大降雨量达到360毫米，其中涞源全县普降大到暴雨，平均降雨量167.1毫米，王安镇的最大降雨量达到378.6毫米，易县平均降雨量达147毫米，紫荆关最大降雨量达270毫米，拒马河上游降雨量达348毫米，致使河水陡涨。受这次强降雨影响，滦河、北三河、大清河水系部分河道出现较大洪水。22日3时12分，滦河水系潵河蓝旗营水文站流量达到1890立方米/秒，22日5时19分，都衙水文站流量达到2400立方米/秒，21日22时大清河水系拒马河紫荆关水文站流量达到2580立方米/秒[1][2][3]。

这次强降雨给河北省大部分地区，特别是保定、廊坊、承德、张家口、秦皇岛、唐山、石家庄、沧州、衡水9市的59个县、区带来极大的洪涝、风雹灾害。保定市涞源、涞水、易县、唐县、定州、安新、高碑店、阜平、涿州、徐水、定兴11市、84个乡镇的593个行政村遭受不同程度的洪涝、风雹灾害，涿州市拒马河上游形成洪峰，安格庄和张坊水库泄洪，紧急转移人口9.49万人；廊坊香河县北运河上游北京方向开闸放水，下游安平镇、潭庄、曹庄等8个村庄紧急转

---

① 孔凡超，段丽茜. 截至22日14时入汛以来我省最强降雨结束 [N]. 河北日报，2012-07-23（B1）.
② 赵红梅. 一切为了灾区群众的生命安全——河北7·21抗洪抢险救灾速记（上）[EB/OL].（2012-07-27）[2013-12-15]. http://big5.xinhuanet.com/gate/big5/www.he.xinhuanet.com/news/2012/07/27/c_112547017.htm.
③ 赵红梅. 一切为了灾区群众的生命安全 [N]. 河北日报，2012-07-27（B1）.

移人口 1.87 万人①②③。

这场暴雨来势凶猛，始料未及。易县、涞源、涞水一带从暴雨来临到产生洪峰仅仅 4 小时，远远超出常规。涞源、固安、兴隆三个暴雨中心区降雨量都在 300 毫米以上。涞源王安镇 6 小时降雨 275 毫米，接近 200 年一遇，24 小时降雨 349 毫米，接近百年一遇④。

5.1.2 事件经过

自 2012 年 7 月 21 日 0 时始，河北省石家庄北部至沧州以北地区普降大到暴雨，其中保定北部、唐山北部、承德南部、廊坊北部降特大暴雨，导致大部分地区 4~6 小时后出现险情⑤。

从 7 月 21 日至 25 日，河北省连续下发 3 个紧急通知，要求根据天气变化，提前发布灾害预警，保障人民群众生命财产安全⑥。

7 月 21 日，在外地开会的省委书记、省长多次对防汛工作作出指示，要求各级党委、政府主要负责同志和分管负责同志，必须在岗到位，靠前指挥，一旦发生汛情，要及时应对处置，确保人民群众生命财产安全⑦。

2012 年 7 月 21 日 16 时，省防汛抗旱指挥部紧急召开省防汛抗旱指挥部成员单位会议，对省委省政府主要领导的指示精神进行传达，并对防汛抗洪工作作出具体部署⑧⑨。

7 月 21 日 19 时 20 分至 22 日凌晨 1 时 10 分，拒马河、北运河、潮白河普遍涨水，拒马河最大洪峰达 2580 立方米每秒⑩。

7 月 21 日 21 时，省防汛抗旱指挥部启动了Ⅲ级防汛应急响应。与此同时，保定、承德、廊坊、唐山等市主要领导和分管负责同志都亲临所在市防汛抗旱指挥部调度指挥，及时召开会议安排部署。受强降雨袭击的 30 个县（市、区）的书记、县（市、区）长都赶赴抗洪一线指挥抗洪抢险⑪。

---

① 双鹏飞. 强降雨致我省 17 人死亡 21 人失踪 [EB/OL]. (2012-07-24) [2013-12-15]. http://www.sjzdaily.com.cn/newscenter/2012-07/24/content_1464354.htm.

② 河北省民政厅：洪涝灾害导致 32 人死亡、20 人失踪 [EB/OL]. (2012-07-26) [2013-12-15]. http://www.gov.cn/jrzg/2012-07/26/content_2192495.htm.

③ 仝静海. 全省 48 个县（市、区）受灾 [N]. 河北日报，2012-07-23 (B1).

④⑥⑧⑩⑪ 赵红梅. 一切为了灾区群众的生命安全 [N]. 河北日报，2012-07-27 (B1).

⑤⑦⑨ 赵红梅. 一切为了灾区群众的生命安全——河北 7·21 抗洪抢险救灾速记（上）[EB/OL]. (2012-07-27) [2013-12-15]. http://big5.xinhuanet.com/gate/big5/www.he.xinhuanet.com/news/2012-07/27/c_112547017.htm.

省防汛抗旱指挥部在 7 月 21 日夜间向保定派出两个工作组，协助指导抗洪抢险[1][2]。

7 月 21 日 21 时，省防汛抗旱指挥部要求各地必须在洪水到来前将可能受影响的群众安全撤离。

截止到 7 月 22 日凌晨 4 时，共组织转移群众 7 万多人，2 人在转移途中死亡。

7 月 21 日 20 时至 22 日 19 时，省防汛抗旱指挥部指挥长一直坚守在省防汛办，并会同水文、气象和水利专家，研究当前汛情，分析近期形势，下达调度指挥命令。晚上 8 点 30 分，省防汛抗旱指挥部指挥长再次赶到省防汛抗旱办公室，彻夜坐镇指挥，听取汇报，了解汛情，统筹协调各方。

7 月 22 日 9 时整，一支由张家口市消防支队、特勤支队、第五中队水域救援队和怀来县消防中队组成的救援队伍赶赴野三坡，当天 13 时许，救援队员徒步赶到救援地点[3]。

7 月 22 日 14 时，驻军直升机到达野三坡景区救援现场，向灾区运送应急生活物资，并送去海事卫星电话，保障了当地政府与外界的联络畅通[4]。

7 月 22 日 17 时，经过河北省防汛抗旱指挥部对洪水进行的积极调度，滦河、北三河和大清河水系河道洪水均已明显回落，水势平稳，危险解除[5]。

7 月 22 日，保定市红十字会收到了第一笔社会捐款[6]。

7 月 23 日，国家防总副主任、海委总工等对省大清河务处新盖房枢纽防汛工作进行了检查。

截至 7 月 23 日 22 时，北京铁路局共紧急加开临时客车 6 趟，疏散游客 1.2 万余人，至此，因暴雨滞留野三坡景区的游客全部安全撤离[7]。

7 月 23 日，在抗洪抢险的关键时期，省防汛抗旱指挥部指挥长带领省水利厅等有关部门领导，先后到廊坊市北运河吴村枢纽、土门楼枢纽、青龙湾减河仉村险工和南拒马河落宝滩水文站等地了解汛情、调度指挥抗洪抢险，并赶赴受灾较重的涞水县三里铺村实地察看灾情，听取灾情汇报，指导救灾工作，慰问群众[8]。

7 月 27 日上午 10 时，省防汛抗旱指挥部召开"7·21"抗洪救灾情况通报

①② 赵红梅. 一切为了灾区群众的生命安全 [N]. 河北日报，2012-07-27（B1）.

③④⑤⑦⑧ 赵红梅. 一切为了灾区群众的生命安全——河北 7·21 抗洪抢险救灾速记（上）[EB/OL].（2012-07-27）[2013-12-15]. http：//big5. xinhuanet. com/gate/big5/www. he. xinhuanet. com/news/2012-07/27/c_112547017. htm.

⑥ 赵红梅. 一切为了灾区群众的生命安全——河北 7·21 抗洪抢险救灾速记（下）[EB/OL].（2012-07-27）[2013-12-15]. hebei. hebnews. cn/2012-07/29/content_2785056. htm.

会，抗洪抢险取得阶段性胜利①。

7月29日，河北省省长在涞源主持召开现场办公会，对启动灾后恢复重建工作进行了重点部署，7月30日，成立了"7·21"洪水灾后重建指挥部②。

8月5日，重灾区四县组织专门力量，开展灾情调查，摸清底数，8月8日之前，灾情核实完毕③。

8月21日，灾后重建工程开工④。

2013年11月30日，灾后重建工程工作结束，项目验收完毕，同年12月，完成灾后重建工作总结，重建工作结束⑤。

5.1.3 灾害后果

在这次强降雨过程中，河北省大部分地区，特别是保定、承德和廊坊地区，受灾情况严重，各地大量房屋倒塌，部分地区交通、通信、电力全部中断，群众生命财产受到严重危害。以保定涞源为例，全县18个乡、镇、办事处全部受灾，受灾人口7.5万人，占全县总人口近30%，14人死亡、2人失踪，有3个自然村被夷为平地，3万多亩农作物绝收。暴雨导致4万余人饮水困难，部分村庄大口井、机井、饮水管道、灌渠、防洪坝、护村护地坝等水利设施被毁，拒马河沿岸损失较重，堤坝全部被冲毁，河道被淤泥抬高抬宽。暴雨引发的山洪使保定野三坡百里峡景区的交通、通信、电力全部中断，上万名来自北京、天津、河北等地的游客被困在景区⑥。

至2012年7月23日16时，河北省受灾人口185.07万人，死亡17人，失踪21人，紧急转移安置15.55万人，农作物受灾面积132.73千公顷，绝收面积12.54千公顷，倒塌房屋9383间，部分基础设施受损，因灾造成直接经济损失14.97亿元⑦。

至24日10时，受灾人口达210.3万人，死亡19人，失踪20人，紧急转移安置17.7万人，农作物受灾面积152.1千公顷，绝收面积14.1千公顷，倒塌房屋

---

① 河北省水利厅. 河北省"7·21"抗洪抢险取得阶段性胜利［EB/OL］.（2012-07-27）［2013-12-15］. http：//slt. hebei. gov. cn/a/2012/07/27/1343381130494. html. 2012-7-27/2013-12-15.

② 河北新闻网. 张庆伟强调迅速开展灾后恢复重建工作［EB/OL］.（2012-07-31）［2013-12-15］. http：//hebei. hebnews. cn/2012-07/31/content_2787227. htm.

③④⑤ 根据河北省发展和改革委员会内部资料整理。

⑥⑦ 强降雨致河北省17人死亡21人失踪［EB/OL］.（2012-07-24）［2013-12-15］. http：//news. sina. com. cn/c/2012-07-24/091924833423. shtml.

12961 间，损坏房屋 28060 间，部分基础设施受损，直接经济损失达 29.88 亿元①。

至 25 日 8 时，受灾人口上升至 259.1 万人，死亡人数上升至 31 人，失踪 20 人。紧急转移安置 19.4 万人，农作物受灾面积 161.7 千公顷，绝收面积 23.4 千公顷，倒塌房屋 18861 间，损坏房屋 33586 间，部分县电力、交通、通信等基础设施损毁十分严重，因灾造成直接经济损失 100.63 亿元。在银坊镇雁宿崖村和周边，仍然有 5 个村、大约 2000 人被困。需紧急转移尚未返回原居住地并需继续临时安置人员 20033 人②。

截至 26 日 10 时统计，本次洪涝灾害，共造成 266.92 万人受灾、32 人死亡、20 人失踪，紧急转移安置 22.66 万人。农作物受灾面积 170.71 千公顷，绝收面积 22.29 千公顷。倒塌房屋 28539 间，损坏房屋 44339 间，部分地区基础设施受损十分严重，直接经济损失达 122.87 亿元③。

5.1.4　灾情上报

灾害发生后，各级防汛抗旱办公室逐级上报各地灾情，省防汛抗旱指挥部迅速核实并汇总灾情，一方面向省委省政府进行汇报，另一方面及时向国家防汛抗旱指挥部进行汇报，并请求支持。

5.1.5　抗洪抢险

抗洪抢险大致经历以下几个阶段：

（1）省委省政府领导高度重视。2012 年 7 月 21 日上午，河北省省委书记、省长对防汛工作作出指示，发布抗洪抢险指令，对各级党委、政府主要负责同志和分管负责同志提出明确要求，要求主要负责同志必须坚持 24 小时值班，一旦发生汛情，要靠前指挥，积极应对处置，确保人民群众生命财产安全④。

（2）省防汛抗旱指挥部召开紧急会议。7 月 21 日 16 时，河北省防汛抗旱指挥部指挥长紧急召开省防汛抗旱指挥部成员单位会议，传达省委省政府主要领导

①　河北入汛最强降雨已致 19 人死亡 20 人失踪 ［EB/OL］.（2012-07-24）［2013-12-15］. http：//www. dayoo. com/roll/201207/24/10001538_108756895. htm.

②　河北洪灾已致 31 死 20 失踪　直接经济损失超 100 亿 ［EB/OL］.（2012-07-25）［2013-12-15］. http：//www. hkwb. net/news/content/2012-07/25/content_834173. htm？node=107.

③　河北灾情一览　全省行动抢险救灾　伦敦大幕开启　全球进入奥运时间 ［EB/OL］.（2012-07-28）［2013-12-15］. http：//www. hebei. com. cn/zygl/system/2012/07/28/011996376. shtml.

④　赵红梅. 一切为了灾区群众的生命安全——河北 7·21 抗洪抢险救灾速记（上）［EB/OL］.（2012-07-27）［2013-12-15］. http：//big5. xinhuanet. com/gate/big5/www. he. xinhuanet. com/news/2012-07/27/c_112547017. htm.

指示精神，提出防汛抗洪基本要求，对防汛抗洪工作作出具体部署①。

（3）启动河北省防汛抗旱应急预案。7月21日21时，省防汛抗旱指挥部决定启动河北省防汛抗旱应急预案并进入Ⅲ级应急响应，要求各地必须在洪水到来前将可能受到影响的群众安全撤离，最大限度地保护群众生命财产安全②。

（4）建立"7·21"抗洪抢险指挥机构。建立由副省长、省防汛抗旱指挥部指挥长担任总指挥长的河北省"7·21"抗洪抢险总指挥部，9个相关市、59个县（区）抗洪抢险指挥部为成员单位的抗洪抢险指挥机构。抗洪抢险总指挥部办公室设在省水利厅③，指挥部组织结构如图5-1所示。"7·21"抗洪抢险指挥机构构成了抗洪抢险动员联盟的管理层，发挥了领导决策和管理协调的双重功能。

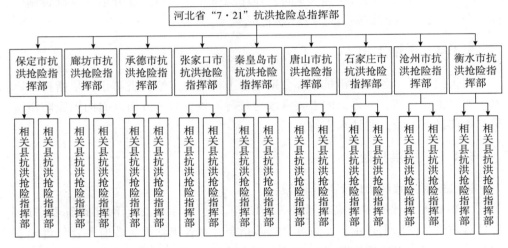

图5-1　河北省"7·21"抗洪抢险指挥机构组织结构图

（5）建立"7·21"抗洪抢险行动机构。成立由省水利厅、省军区、省委宣传部、武警河北总队、省发展和改革委员会、省公安厅、省民政厅、省财政厅、省国土资源厅、省住房和城乡建设厅、省交通运输厅、省农业厅、省商务厅、省卫生厅、省广播电视局、省供销合作总社、省气象局、省通信管理局、省安全生产监督管理局、省电力公司、河北机场管理集团有限公司、北京铁路局石家庄办事处22个省防汛抗旱成员单位构成的省级抗洪抢险行动机构，各地市防汛抗旱成员单位构成当地抗洪抢险行动机构，迅速开展抗洪抢险救灾活动。各级各类抗

---

①②③　赵红梅. 一切为了灾区群众的生命安全——河北7·21抗洪抢险救灾速记（上）［EB/OL］.（2012-07-27）［2013-12-15］. http：//big5. xinhuanet. com/gate/big5/www. he. xinhuanet. com/news/2012-07/27/c_112547017. htm.

洪抢险行动机构构成了动员联盟的执行层，分别服从省"7·21"抗洪抢险总指挥部或当地的抗洪抢险指挥部的领导，分工协作，共同执行本次抗洪抢险工作。

（6）人员救援、疏散和安置。人员救援、疏散等主要有河北省公安厅统一部署，人员安置由当地政府组织实施。在接到救援命令后，各有关地市公安机关迅速启动应急预案，全力开展抢险救援工作。驻冀部队、武警官兵也加入到救援行列。截至 22 日 17 时，全省各市公安消防支队共接到抗洪抢险救援报警 160起，出动消防车 280 余辆次、救生艇 7 艘、官兵 1132 人次，营救人员 571 人、疏散群众 485 人、抢救财产价值 1000 余万元。至 23 日下午，全省公安机关共出动警力 12000 余人次，解救、疏散受灾群众和游客 5200 多名，最大限度地挽救了人民群众的生命财产安全①。

23 日下午，保定涞源、涿州、唐县等雨势较大的地区被困人员全部被解救。涞源县景区被困外地游客 120 人均已被成功救出；涞水县通过公路、铁路和空中三种方式，对被困野三坡景区的游客进行立体疏散。23 日下午 6 时，野三坡景区被困的 1.2 万游客全部顺利脱险；汽车站、火车站滞留群众也被疏散。截至 24日 10 时统计，河北省紧急转移安置 17.7 万人。

（7）物资调运和投放。7 月 23 日 18 时，易县对马头、南城司等 18 个受灾较严重的村，发放漂白粉 1.2 万公斤，漂精片 1000 瓶，消毒污染水源 265 处，发放防病明白纸 6 万份。

7 月 23 日 21 时，根据河北省委、省政府指示，河北省民政厅同省财政厅紧急下拨省级救灾资金 2000 万元，省民政厅紧急下拨保定灾区 300 顶帐篷、10000条棉被，500 套棉衣裤。

截至 24 日 18 点 29 分，河北省共投入灾民救助资金 5851 万元，下拨帐篷930 顶、棉被 20371 床、棉衣 500 套、毛毯 100 条、矿泉水 1000 箱、方便食品7500 斤、火腿肠 500 斤、蜡烛 15 箱、药品 8 箱，另外还有折款 740 余万元的其他各类物资，全力保证受灾群众的基本生活。

24 日 00 点，河北省涞源县已接受飞机空投 16 吨物资救援被困群众。

25 日上午 10 时，经河北民政厅申请，民政部紧急下拨救灾帐篷 4000 顶、棉被 2 万床、棉大衣 2 万件。这批救灾物资由中央救灾物资储备库天津分库紧急装运，于 25 日傍晚运达保定市。

7 月 26 日，经河北省民政厅、财政厅积极申请，国家财政部、民政部紧急

---

①　河北出动警力 12000 余人次解救疏散受灾群众游客 [EB/OL]. （2012-07-25）[2013-12-15]. http：//www. legaldaily. com. cn/locality/content/2012-07-25/content_3728208. htm？node=31685.

下拨河北省洪涝灾害救灾款 7000 万元，河北省民政和财政部门以最快速度将此款下拨重灾地区①②③④。

（8）洪水分流和泄洪。7 月 21~22 日，拒马河、北运河、潮白河先后达到洪峰。省防汛抗旱指挥部根据短时间内洪水流量不断加大和上游北京来水持续增多的情况，及时与国家防办、海河防办、北京和天津防办沟通协调拒马河、潮白河洪水调度问题，并形成河系洪水调度方案，开始行洪压力。与此同时，省防汛抗旱指挥部及早部署，做好启用东淀蓄滞洪区的准备。至 7 月 22 日 17 时，区域内河道洪水均已明显回落，水势平稳，危险解除⑤。

（9）紧急募捐。保定市红十字会向全社会爱心人士及企业组织发出紧急募捐呼吁，并向社会公布了救灾募捐专用账户。账户名称：保定市红十字会，开户行：保定银行光华支行，开户账号：13060668012011300009999，救灾捐赠热线：0312-5880684，救灾捐赠地址：保定市向阳北大街 555 号中心血站 4 楼⑥。

5.1.6 重灾区灾后重建

重灾区包括保定市的涞源、涞水、易县及承德市的兴隆县，灾后重建工作主要分三个阶段开展。

5.1.6.1 准备阶段（2012 年 7 月 29 日至 8 月 21 日）

这一阶段的主要工作是对灾后重建前期工作进行安排，重点是成立灾后重建指挥部、核准灾情、研究制订工作方案。

（1）成立河北省"7·21"洪水灾后重建指挥部。2012 年 7 月 29 日，河北省省长在涞源主持召开现场办公会，对启动灾后恢复重建工作进行重点部署；7 月 30 日，省政府成立了由副省长担任指挥长，30 个省直有关部门和单位、保定

① 强降雨致河北省 17 人死亡 21 人失踪［EB/OL］.（2012-07-24）［2013-12-15］. http：//news. sina. com. cn/c/2012-07-24/091924833423. shtml.

② 河北入汛最强降雨已致 19 人死亡 20 人失踪［EB/OL］.（2012-07-24）［2013-12-15］. http：//www. dayoo. com/roll/201207/24/10001538_108756895. htm.

③ 河北洪灾已致 31 死亡 20 失踪 直接经济损失超 100 亿［EB/OL］.（2012-07-25）［2013-12-15］. http：//www. hkwb. net/news/content/2012-07/25/content_834173. htm? node＝107.

④ 河北灾情一览 全省行动抢险救灾［EB/OL］.（2012-07-28）［2013-12-15］. http：//www. hebei. com. cn/zygl/system/2012/07/28/011996376. shtml.

⑤ 赵红梅.一切为了灾区群众的生命安全——河北 7·21 抗洪抢险救灾速记（上）［EB/OL］.（2012-07-27）［2013-12-15］. http：//big5. xinhuanet. com/gate/big5/www. he. xinhuanet. com/news/2012-07/27/c_112547017. htm.

⑥ 强降雨致河北省 17 人死亡 21 人失踪［EB/OL］.（2012-07-24）［2013-12-15］. http：//news. sina. com. cn/c/2012-07-24/091924833423. shtml.

市人民政府主要负责同志为成员的"7·21"洪水灾后重建指挥部，指挥部办公室设在省发展改革委员会（见图5-2）。其中，保定、承德市及涞源、涞水、易县、兴隆县也在第一时间成立了由书记任政委、市（县）长任指挥长的灾后恢复重建指挥部。河北省人民政府是本次灾后重建工作的领导决策核心，30个省直有关部门和单位以及各市政府，一方面承担了灾后重建工作的管理协调功能；另一方面在本行政职权范围内，又具有一定的决策领导职能，与河北省人民政府共同构成灾后重建动员联盟的管理层。在灾后重建工作中，各个项目的施工单位、原材料提供者、运输公司等共同构成灾后重建动员联盟的执行层。

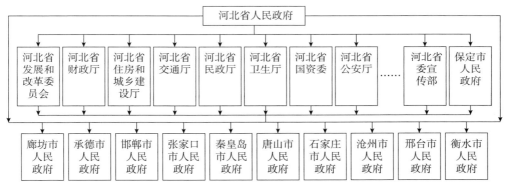

图5-2　河北省"7·21"洪水灾后重建指挥部

（2）组织核准灾情。重灾区四县组织专门力量，深入灾区一线开展灾情调查，摸清底数，于8月5日之前完成上报。保定市、承德市和省有关部门对口核定灾情，于8月8日之前完成。经过调查，洪涝重灾区涞源、涞水、易县、兴隆县79.2万人受灾，1.1万间房屋受损；376个村卫生室、59个乡镇卫生院受损，139间校舍倒塌、形成危房3755间；损毁国省干线公路390.2公里、农村公路812.3公里、桥梁102座；野三坡、白石山、狼牙山景区受到严重损坏，四县直接经济损失达102.6亿元[①]。

（3）研究制定工作方案和有关政策措施。8月2日，河北省人民政府出台《关于做好"7·21"洪涝重灾区恢复重建工作的指导意见》；8月20日，河北省人民政府办公厅印发《河北省"7·21"洪涝重灾区恢复重建对口支援实施方案》《河北省"7·21"洪涝重灾区因灾倒损住房恢复重建实施方案》《河北省"7·21"洪涝重灾区重建资金筹措及使用管理的实施方案》和《河北省支持

---

① 强降雨致河北省17人死亡21人失踪［EB/OL］.（2012-07-24）［2013-12-15］. http：//news. sina. com. cn/c/2012-07-24/091924833423. shtml.

"7·21"洪涝重灾区恢复重建若干政策措施的意见》；8月21日，河北省"7·21"洪水灾后重建指挥部印发《关于"7·21"洪涝重灾区恢复重建工作总体安排意见》，详细阐述了"7·21"洪涝重灾区恢复重建工作方案和有关政策措施，为重建工作的有序高效开展奠定了基础①。

（4）明确对口支援任务。石家庄市、邯郸市、沧州市负责对涞源灾区进行对口支援；廊坊市、张家口市、邢台市负责对涞水灾区进行对口支援；唐山市、衡水市负责对易县灾区进行对口支援。河北钢铁集团、河北建投集团等省属国有企业负责对口援建异地迁建村及涞钢涞铜社区棚户区改造，对白石山景区和野三坡景区的基础设施和公共服务设施恢复重建。河北省国资委监管的其他国有大型企业，也采取多种形式进行对口支援工作。所有对口支援的部门构成了灾后重建动员联盟的执行层②。

5.1.6.2 组织实施阶段（2012年8月21日至2013年11月30日）

本阶段的主要工作是明确灾后重建的重点任务、分配重点任务、执行重点任务、按照节点要求完成任务、项目验收。重点任务及其分配详情参见河北省"7·21"洪水灾后重建指挥部下发的文件——《关于"7·21"洪涝重灾区恢复重建工作总体安排意见》，在此不再赘述。各项任务完成节点要求如下：

2012年11月15日前，完成因灾倒损住房、饮水安全工程、卫生室等就地修缮和重建。全面恢复交通、电力、通信，所有重建项目全面展开③。

2013年2月底前，完成因灾受损的中小学校舍的加固维修。5月1日前，白石山、野山坡景区实现对游客开放；11月15日前，完成因灾水毁住房异地迁建和涞钢涞铜社区棚户区改造，全面完成公共服务设施、基础实施恢复重建任务。各个项目竣工后，有关部门进行验收④。

此外，"7·21"洪涝灾害发生后，省政府及时向国务院进行了报告，省有关部门对口向国家部委进行了汇报。争取国家救灾救助资金和其他专项资金3.5亿元，省指挥部办公室及时组织编印恢复重建工作有关政策法规等资料，积极宣传有关政策起到了凝聚共识的作用。省委宣传部迅速组织宣传文化系统举办赈灾义演活动，集中报道省委、省政府的决策部署和灾后恢复重建的政策、先进事迹，积极营造氛围。社会各界积极捐款，支持灾区恢复重建⑤。

5.1.6.3 总结阶段（2013年12月1日至2013年12月31日）

对恢复重建工作进行总结，资料归档⑥。

---

①②③④⑤⑥ 本部分根据河北省发展和改革委员会内部资料整理。

5.2　模型构建

5.2.1　"7·21"洪涝灾害救援动员流程及 Petri 网模型

根据"7·21"洪涝灾害发生的经过以及抗洪抢险和灾后重建过程可以看出，河北省"7·21"洪涝灾害救援过程大致经历灾情上报、抗洪抢险和灾后重建三个阶段，具体流程如图 5-3 所示，与该流程对应的 Petri 模型如图 5-4 所示，模型中各变量的含义如表 5-1 所示，各个变迁的起止执行时间数据采集如表 5-2 所示。

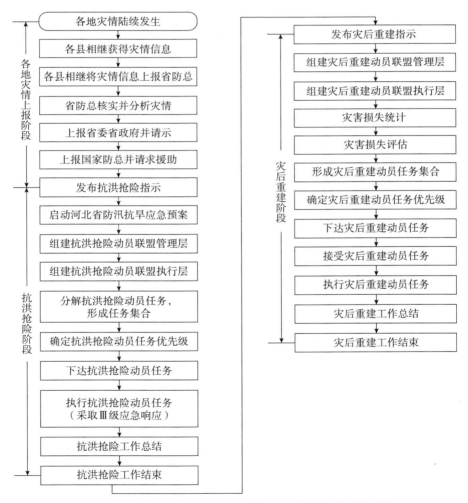

图 5-3　河北省"7·21"洪涝灾害救援及灾后重建过程流程

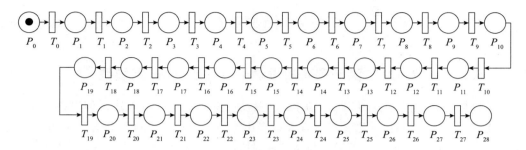

图5-4　河北省"7·21"洪涝灾害救援及灾后重建过程的 Petri 网模型

表5-1　河北省"7·21"洪涝灾害救援流程 Petri 网模型各变量含义

库所	含义	变迁	含义
P_0	各县相继发生灾情	T_0	各县相继获得灾情信息
P_1	各县灾情信息	T_1	各县相继将灾情信息上报省防总
P_2	省防总相继获得各县灾情信息	T_2	省防总核实并分析灾情
P_3	核实后的灾情信息	T_3	上报省委省政府并进行请示
P_4	省委省政府获得灾情信息	T_4	上报国家防总并请求援助
P_5	国家防总获得灾情信息	T_5	发布抗洪抢险指示
P_6	抗洪抢险指示信息	T_6	启动河北省防汛抗旱应急预案
P_7	河北省防汛抗旱应急预案启动	T_7	组建抗洪抢险动员联盟管理层
P_8	抗洪抢险动员联盟管理层组建完毕	T_8	组建抗洪抢险动员联盟执行层
P_9	抗洪抢险动员联盟执行层组建完毕	T_9	分解抗洪抢险动员任务
P_{10}	分解了的抗洪抢险动员任务	T_{10}	形成抗洪抢险动员任务集合
P_{11}	抗洪抢险动员任务集合确定	T_{11}	确定抗洪抢险动员任务优先级
P_{12}	抗洪抢险动员任务优先级确定	T_{12}	下达抗洪抢险动员任务
P_{13}	抗洪抢险动员任务下达	T_{13}	执行抗洪抢险动员任务
P_{14}	各单位完成抗洪抢险动员任务	T_{14}	抗洪抢险工作总结，资料归档
P_{15}	各单位抗洪抢险工作资料归档	T_{15}	抗洪抢险工作结束（连接变迁）
P_{16}	抗洪抢险工作结束，灾后重建开始	T_{16}	发布灾后重建指示
P_{17}	灾后重建指示	T_{17}	组建灾后重建动员联盟管理层
P_{18}	灾后重建动员联盟管理层组建完毕	T_{18}	组建灾后重建动员执行层

续表

库所	含义	变迁	含义
P_{19}	灾后重建动员联盟执行层组建完毕	T_{19}	灾害损失统计
P_{20}	灾害损失统计信息	T_{20}	灾害损失评估
P_{21}	灾害损失评估信息	T_{21}	形成灾后重建动员任务集合
P_{22}	灾后重建动员任务集合形成完毕	T_{22}	确定灾后重建动员任务优先级
P_{23}	灾后重建动员任务优先级确定完毕	T_{23}	下达灾后重建动员任务
P_{24}	灾后重建动员任务下达完毕	T_{24}	各单位接受灾后重建动员任务
P_{25}	各单位接受灾后重建动员任务	T_{25}	各单位执行灾后重建动员任务
P_{26}	各单位完成灾后重建动员任务	T_{26}	灾后重建工作总结，资料归档
P_{27}	灾后重建工作资料归档	T_{27}	灾后重建工作结束
P_{28}	灾后重建工作结束		

表 5-2　河北省"7·21"洪涝灾害救援流程 Petri 网模型各变迁（活动）的发生时间

变迁	活动	活动发生起止时间	活动发生时长
T_0	各县相继获得灾情信息	2012 年 7 月 21 日 4：00~6：00	2 小时
T_1	各县相继将灾情上报省防总	2012 年 7 月 21 日 6：00~8：00	2 小时
T_2	省防总核实并分析灾情	2012 年 7 月 21 日 8：00~9：00	1 小时
T_3	上报省委省政府并进行请示	2012 年 7 月 21 日 9：00~9：30	0.5 小时
T_4	上报国家防总并请求援助	2012 年 7 月 21 日 9：30~10：00	0.5 小时
T_5	发布抗洪抢险指示	2012 年 7 月 21 日 9：30	接近瞬时完成
T_6	启动河北省防汛抗旱应急预案	2012 年 7 月 21 日 9：30~16：00	6.5 小时
T_7	组建抗洪抢险动员联盟管理层	2012 年 7 月 21 日 16：00~16：30	0.5 小时
T_8	组建抗洪抢险动员联盟执行层	2012 年 7 月 21 日 16：00~16：30	0.5 小时
T_9	分解抗洪抢险动员任务	2012 年 7 月 21 日 16：30~17：00	0.5 小时
T_{10}	形成抗洪抢险动员任务集合	2012 年 7 月 21 日 17：00~17：30	0.5 小时
T_{11}	确定抗洪抢险动员任务优先级	伴随上述任务完成	0 小时
T_{12}	下达抗洪抢险动员任务	2012 年 7 月 21 日 17：30~18：00	0.5 小时
T_{13}	执行抗洪抢险动员任务	2012 年 7 月 21 日 18：00 至 26 日 18：00	6 天
T_{14}	抗洪抢险工作总结，资料归档	2012 年 7 月 27 日 8：00~12：00	4 小时

变迁	活动	活动发生起止时间	活动发生时长
T_{15}	抗洪抢险工作基本结束	2012 年 7 月 27 日 12：00	连接变迁
T_{16}	发布灾后重建指示	2012 年 7 月 29 日 10：00	接近瞬时完成 （间隔 2 天）
T_{17}	组建灾后重建动员联盟管理层	2012 年 7 月 30 日 8：00～8：30	0.5 小时
T_{18}	组建灾后重建动员联盟执行层	2012 年 7 月 30 日 8：30～9：00	0.5 小时
T_{19}	灾害损失统计	2012 年 8 月 2～5 日	3 天
T_{20}	灾害损失评估	2012 年 8 月 5～8 日	3 天
T_{21}	形成灾后重建动员任务集合	2012 年 8 月 9～20 日	11 天
T_{22}	确定灾后重建动员任务优先级	伴随上述任务完成	0 小时
T_{23}	下达灾后重建动员任务	2012 年 8 月 20 日 8：00～12：00	4 小时
T_{24}	各单位接受灾后重建动员任务	伴随上述任务完成	0 小时
T_{25}	各单位执行灾后重建动员任务	2012 年 8 月 21 日至 2013 年 11 月 30 日	465 天
T_{26}	灾后重建工作总结，资料归档	2013 年 12 月 1～31 日	30 天
T_{27}	灾后重建工作结束	2013 年 12 月 31 日	瞬时完成

资料来源：根据 5.1 节内容计算整理。

从表 5-2 所示的在实际救援流程中变迁发生的实际时间，可以得出如下结论：①各项任务根据流程所示按顺序完成；②各项任务之间不会发生冲突；③前项任务的完成是后项任务实施的前提和条件；④救援任务能够得以顺利实施和正确结束。

需要说明的是，模型中的库所 P_8 所指的抗洪抢险动员联盟管理层即由图 5-1 所示的"7·21"抗洪抢险指挥机构构成；P_9 所指的抗洪抢险动员联盟执行层则由河北省及相关市县防汛抗旱指挥部成员单位构成的"7·21"抗洪抢险行动机构构成；P_{18} 所指的灾后重建动员联盟管理层即由图 5-2 所示的"7·21"洪水灾后重建指挥机构构成；P_{19} 所指的灾后重建动员联盟执行层则由相关对口支援企业以及有关施工单位构成。模型中的变迁 T_7 实际上是抗洪抢险动员联盟管理层组建子网；T_8 实际上是抗洪抢险动员联盟执行层组建子网；T_{17} 实际上是灾后重建动员联盟管理层组建子网；T_{18} 实际上是灾后重建动员联盟执行层组建子网；T_{12} 以及 T_{13} 分别表示下达以及执行抗洪抢险动员任务子网，其中，抗洪抢险动员任务包括救援遇险人员、疏散危险区域人员、撤离被困人员、临时安置人员、调用救援物资、加固河湖堤坝、疏通公路和铁路、抢修电力线路、抢修或建立临时通信线路、监视水情等，各项任务可以并行开展；T_{23}、T_{24} 和 T_{25} 分别表示下达、接受以及执行灾后重建动员任务子网，其中，灾后重建动员任务包括受损、冲毁、倒塌房屋的维修和重建；村卫生室以及乡镇卫生院修复和重建；受损、倒塌校舍的维修和重建；损毁国省干线的修复和建设；损毁农村公路的修复和建设；损毁桥梁修复和建设；野三坡、白石山、狼牙山景区的修复和建设；其他公共基础设施的修复和建设等，各项任务也可以并行开展。上述模型是在不影响流程性能分析的基础上所做的简化处理。

5.2.2 "7·21"洪涝灾害救援动员流程优化

5.2.2.1 流程中存在的问题

从图 5-3、图 5-4、表 5-1 以及表 5-2 所示的抗洪抢险流程、流程的 Petri 网模型、模型变量含义以及各项救援活动发生的时间可以发现，实际救援流程存在以下几个问题：

（1）各县获得和上报灾情信息不同步，错过了第一救援时间。成灾各县在灾情发生后，陆续获得灾情信息，并将灾情信息逐级上报，到达省防汛抗旱指挥部后，信息基本上产生了 1~2 小时的延迟。在遇到较大自然灾害，特别是像洪水这样的灾害时，一方面，灾情在不断地变化和发展，1~2 小时前后的灾情可能会有较大的变化和不同；另一方面，第一黄金救援时间往往是 1~2 小时，错过了这个时机，会对后续的救援带来较大的困难，同时错过这 1~2 小时，可能也会造成意想不到的灾害损失。

（2）灾情信息上报阶段，顺序执行的两项信息上报活动延长了流程的执行时间。在灾情上报阶段，当省防指对当时发生的灾情进行核实之后，由于向省委省政府和国家防总上报的灾情内容相同，因此两项活动无须顺序执行，同时并行执行的两项活动并不会降低流程执行的效果，反而会提高流程的执行效率，减少流程的执行时间。

（3）抗洪抢险过程阶段，顺序执行的活动较多，不利于提高流程执行效率。在抗洪抢险过程中，无须顺序执行的抗洪抢险动员联盟管理层的组建、抗洪抢险动员联盟执行层的组建、救援任务分解以及确定抗洪抢险动员任务优先级等任务降低了抗洪抢险流程的效率，原因如下：

第一，河北省各地（市）、各县（区）均设有防汛抗旱指挥部（常设机构），且其办公室均设在当地的水利部门，平常时间，各地防汛抗旱指挥部、上下级防汛抗旱指挥部之间均有业务上的联系，相互之间比较熟悉，有利于在洪水灾情发生时，在很短时间内，有选择地迅速组建抗洪抢险总指挥部，构成抗洪抢险动员联盟的管理层。

第二，河北省各地（市）、各县（区）设置的防汛抗旱指挥部均有必要的合作成员单位，如公安、驻地部队、武警、电力、财政、通信、交通、卫生等，各防指与各成员单位之间通常都建立了联席会议制度，平时会定期召开联席会议，甚至举行有关演练活动，从而加强了各成员单位之间的联系和沟通，为灾害发生时迅速组建动员联盟的执行层奠定了基础。

第三，通常来说，抗洪抢险动员任务无外乎包括救援遇险人员、疏散危险区域人员、撤离被困人员、临时安置人员、调用救援物资、加固河湖堤坝、疏通公路和铁路、抢修电力线路、抢修或建立临时通信线路、监视水情等，在掌握灾情信息的情况下，具体的抗洪抢险动员任务也就基本上明确了，再加上所有的救灾任务都以人员的救援和保护生命安全为首要优先级，因此，抗洪抢险动员任务的分解以及优先级的确定也可以与动员联盟的组建同时开展，而且这两项活动基本上都可以在短时间内结束。

（4）灾后重建流程不尽合理。相对于执行抗洪抢险任务而言，执行灾后重建任务对时间的要求不是十分重要，但是如果能够在保证任务完成质量的前提下，提前完成灾后重建任务，可以使受灾群众的生产生活早日步入正轨。为此，在研究了本次灾后重建流程后，发现了以下一些问题：

第一，灾后重建工作启动稍晚。2012年7月27日上午10时，河北省防汛抗旱指挥部召开"7·21"抗洪救灾情况通报会，抗洪抢险取得阶段性胜利，预示着抗洪抢险工作基本结束。而在7月29日，也就是时隔2天之后，在河北省涞源主持召开省长现场办公会，启动了灾后恢复重建工作；7月30日，河北省"7·21"洪水灾后重建指挥部成立，办公室设在省发展改革委。如果将灾后恢复重建工作的启动与抗洪抢险工作紧密衔接，将"7·21"抗洪救灾情况通报会与灾后恢复重建工作动员会合并召开，并在会上成立灾后重建指挥部，可以节省3天的灾后重建时间。另外，在实际工作中，虽然两个指挥部基本上由不同的人员领导，但是参与的省直部门基本相同，因此，如果在抗洪抢险工作后期着手灾后重建工作的话，可以进一步缩短灾后重建的准备时间。

第二，灾害损失统计和评估都是在灾后恢复重建工作启动后开始的，灾害损失统计持续到8月5日结束，灾害损失评估持续到8月8日结束。如果在抗洪抢险过程中，在灾情信息上报的同时，抽调有关人员，做好灾情统计，将会大大缩减灾害损失统计和评估的时间，保守统计，可以缩短10天的时间。

5.2.2.2 流程优化

根据上述分析,对实际流程可以进行如下优化:

(1) 实施灾情信息同步上报,使各地在获得灾情信息后能够将灾害信息同步上报至市级、省级甚至更高级别的指挥领导机构,以便更高级别的指挥部门(如本案例中的省防指)可以随时掌握灾情状况,更快、更好地做出决策和部署,降低灾害损失。该优化至少可以减少流程执行时间 2 小时。

(2) 在灾情上报过程中,将省防指向省委省政府和国家防总上报灾情的两项活动并行执行,以提高流程的执行效率。该优化至少可以减少流程执行时间 0.5 小时。

(3) 在抗洪抢险过程中,根据本次活动的特点,建议并行执行动员联盟管理层的组建、动员联盟执行层的组建、救援任务分解以及抗洪抢险动员任务优先级的确定这四个流程,在这四个流程全部执行完毕之后,迅速下达抢险动员任务。这样可以为抗洪抢险赢得 1.5 小时左右的宝贵时间。

(4) 将灾后恢复重建工作的启动和抗洪抢险工作结束进行紧密衔接,甚至并行展开,并马上成立灾后重建指挥部,可以节省 2 天时间。另外,由于在实际工作中,两个指挥部分别由不同的人员领导和参加,如果在抢险过程中能成立灾后重建指挥部的话,可以进一步缩短灾后重建的准备时间。

(5) 在灾情信息上报以及在抗洪抢险的同时,做好灾情统计和灾害损失评估工作,将会缩短 10 天的灾后重建时间。

通过这样的优化,可以将抗洪抢险前期时间缩短,为救援赢得宝贵的 3.5 小时黄金救援时间;在灾后重建过程中,即便灾后重建任务分配、下达和执行的时间保持不变,灾后重建前期准备时间至少可以缩短 12 天,比原来用时减少 40%。优化后的流程如图 5-5 所示。

5.2.3 "7·21" 洪涝灾害救援动员优化模型

根据图 5-5 河北省 "7·21" 洪涝灾害救援过程优化流程以及第 4 章的研究,构建优化的河北省 "7·21" 洪涝灾害救援动员随机 Petri 网模型如图 5-6 所示,各相关变量所代表的含义如表 5-3 所示。

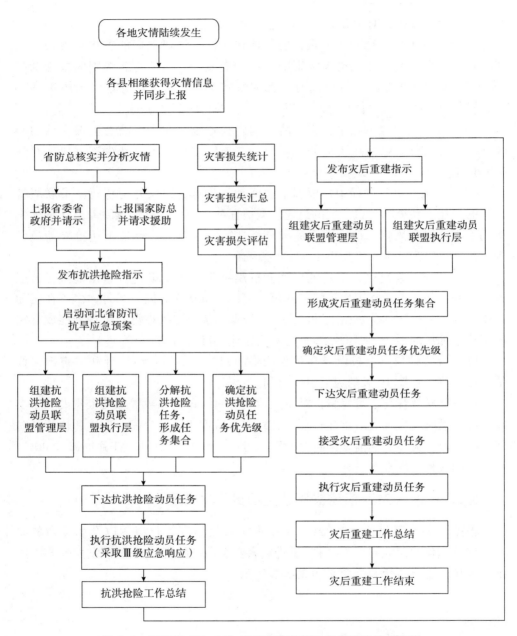

图 5-5　河北省"7·21"洪涝灾害救援及灾后重建优化流程

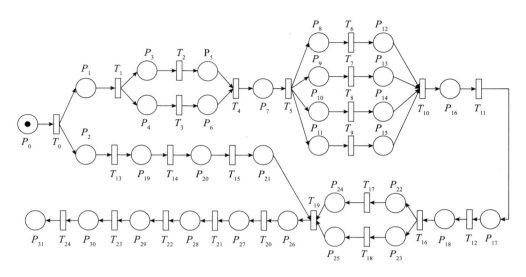

图 5-6 河北省"7·21"洪涝灾害救援流程优化 Petri 网模型

表 5-3 河北省"7·21"洪涝灾害救援流程 Petri 网模型各变量含义

库所	含义	变迁	含义
P_0	各县相继发生灾情	T_0	各县相继获得灾情信息并同步上报上级指挥部门
P_1	各县灾情信息	T_1	省防总核实并分析灾情
P_2	进入灾情统计状态	T_2	上报省委省政府并进行请示
P_3	灾情信息核实,进入上报省委省政府状态	T_3	上报国家防总并请求援助
P_4	灾情信息核实,进入上报国家防总状态	T_4	发布抗洪抢险指示
P_5	省委省政府获得灾情信息	T_5	启动河北省防汛抗旱应急预案
P_6	国家防总获得灾情信息	T_6	组建抗洪抢险动员联盟管理层
P_7	抗洪抢险指示	T_7	组建抗洪抢险动员联盟执行层
P_8	进入抗洪抢险动员联盟管理层组建状态	T_8	分解抗洪抢险动员任务,形成抗洪抢险动员任务集合
P_9	进入抗洪抢险动员联盟执行层组建状态	T_9	确定抗洪抢险动员任务优先级
P_{10}	进入抗洪抢险动员任务集合确定状态	T_{10}	下达抗洪抢险动员任务
P_{11}	进入抗洪抢险动员任务优先级确定状态	T_{11}	执行抗洪抢险动员任务
P_{12}	抗洪抢险动员联盟管理层组建完毕	T_{12}	抗洪抢险工作总结,资料归档,抢险工作结束
P_{13}	抗洪抢险动员联盟执行层组建完毕	T_{13}	灾害损失统计

库所	含义	变迁	含义
P_{14}	抗洪抢险动员任务集合确定	T_{14}	灾害损失汇总
P_{15}	抗洪抢险动员任务优先级确定	T_{15}	灾害损失评估
P_{16}	抗洪抢险动员任务下达	T_{16}	发布灾后重建指示
P_{17}	各单位完成抗洪抢险动员任务	T_{17}	组建灾后重建动员联盟管理层
P_{18}	各单位抗洪抢险工作资料归档，抗洪抢险工作结束，灾后重建开始	T_{18}	组建灾后重建动员联盟执行层
P_{19}	灾害损失统计信息	T_{19}	形成灾后重建动员任务集合
P_{20}	灾害损失汇总信息	T_{20}	确定灾后重建动员任务优先级
P_{21}	灾害损失评估信息	T_{21}	下达灾后重建动员任务
P_{22}	进入灾后重建动员联盟管理层组建状态	T_{22}	接受灾后重建动员任务
P_{23}	进入灾后重建动员联盟执行层组建状态	T_{23}	执行灾后重建动员任务
P_{24}	灾后重建动员联盟管理层组建完毕	T_{24}	灾后重建工作总结，资料归档
P_{25}	灾后重建动员联盟执行层组建完毕		
P_{26}	灾后重建动员任务集合形成完毕		
P_{27}	灾后重建动员任务优先级确定完毕		
P_{28}	灾后重建动员任务下达完毕		
P_{29}	各单位接受灾后重建动员任务状态		
P_{30}	各单位完成灾后重建动员任务状态		
P_{31}	重建工作资料归档，灾后重建工作结束		

5.3 优化后模型分析

5.3.1 "7·21"灾害事件 Petri 网模型正确性定性分析

（1）模型中的一个变迁代表一种动员活动，所有变迁均有各自的输入输出库所，这表明任何动员活动的执行都需要一定的条件，而且每一项动员活动的完成又为下一项动员活动的开展创造了条件。

（2）从总体上看，模型中只包括顺序结构和并发结构，模型中没有死变迁，也就是说模型中没有永远不可能执行到的任务或活动，即不存在死任务，说明优化的"7·21"洪涝灾害救援过程中的各项任务或活动都会发生，从而保证了救援工作的顺利完成。

（3）在整个救援流程中，所有托肯的传送都是流畅的，不会出现阻塞现象，也不存在无限等待某个活动的现象，表明所有救援活动都会在一定时间内完成。

（4）在整个救援流程中，所有库所至多含有一个托肯，说明该救援流程无瓶颈库所产生。

（5）整个救援流程一旦开始，总会正确结束。

据此可以判断，图 5-6 所示的随机 Petri 网模型是合理的，该模型具有活性、可达性、有界性和安全性的特征。另外，由于模型中增加了较多的并行执行结构，而且组成并行结构的各个分支的执行时间接近，因此可以缩短模型的执行时间。

5.3.2　"7·21"灾害事件 Petri 网模型时间性能分析

根据表 5-2 河北省"7·21"洪涝灾害救援过程中各项活动发生的时间，结合优化后的流程及 Petri 网模型，可以发现，在优化后的模型中，变迁 T_0 整合了原变迁 T_0 和 T_1 的功能，整合后的变迁发生时间为 2 小时，相比较原来缩短了 2 小时；T_2 和 T_3 从原来的顺序执行变为并行执行，可以缩短 0.5 小时；T_6-T_9 也从原来的顺序执行变为并行执行，可以缩短 1.5 小时，这样在抗洪抢险阶段，就可以节省 4 小时不必要的运行时间，为抗洪抢险赢得宝贵的救援时间。在灾后重建过程中，由于将灾害损失统计和灾害损失评估变迁 T_{13} 和 T_{14} 提前至抗洪抢险阶段，并与灾情信息上报并行执行，因此可以从很大程度上降低灾害损失统计和评估时间，在此案例中可以缩短 10 天的时间；再加上 T_{16} 和 T_{17} 代表的灾后重建动员联盟管理层和执行层并行运行，节省 0.5 小时；如果将 T_{16} 发布灾后重建指示变迁与 T_{14} 抗洪抢险工作总结、资料归档变迁紧密衔接，省略连接变迁 T_{15}，则可以节省 2 天时间，若形成灾后重建动员任务集合变迁 T_{18} 能在 7 天完成，则在其他条件不变的情况下，灾后重建的准备过程大约可以节省 16 天，超过实际准备时间的一半以上，极大地提高了灾后重建准备阶段的效率。优化后变迁执行时间如表 5-4 所示（本分析没有考虑实际流程中，部分变迁之间在发生时刻的间隔，如果所有的变迁能够衔接发生，流程效率会更高）。

表5-4 河北省"7·21"洪涝灾害救援流程 Petri 网模型各变量含义

优化前			优化后		
变迁	含义	变迁执行时间	变迁	含义	变迁执行时间
T_0	各县相继获得灾情信息	2 小时	T_0	各县相继获得灾情信息并同步上报上级指挥部门	2 小时
T_1	各县相继将灾情信息上报省防总	2 小时	T_1	省防总核实并分析灾情	1 小时
T_2	省防总核实并分析灾情	1 小时	T_2	上报省委省政府并进行请示	0.5 小时
T_3	上报省委省政府并进行请示	0.5 小时	T_3	上报国家防总并请求援助	
T_4	上报国家防总并请求援助	0.5 小时	T_4	发布抗洪抢险指示	瞬时变迁
T_5	发布抗洪抢险指示	瞬时变迁	T_5	启动河北省防汛抗旱应急预案	6.5 小时
T_6	启动河北省防汛抗旱应急预案	6.5 小时	T_6	组建抗洪抢险动员联盟管理层	
T_7	组建抗洪抢险动员联盟管理层	0.5 小时	T_7	组建抗洪抢险动员联盟执行层	
T_8	组建抗洪抢险动员联盟执行层	0.5 小时	T_8	分解抗洪抢险动员任务，形成抗洪抢险动员任务集合	0.5 小时
T_9	分解抗洪抢险动员任务	0.5 小时	T_9	确定抗洪抢险动员任务优先级	
T_{10}	形成抗洪抢险动员任务集合	0.5 小时	T_{10}	下达抗洪抢险动员任务	0.5 小时
T_{11}	确定抗洪抢险动员任务优先级	伴随上述任务完成	T_{11}	执行抗洪抢险动员任务	6 天
T_{12}	下达抗洪抢险动员任务	0.5 小时	T_{12}	抗洪抢险工作总结，资料归档，抢险工作结束	4 小时
T_{13}	执行抗洪抢险动员任务	6 天	T_{13}	灾害损失统计	伴随抗洪抢险过程，这里设为 1 天
T_{14}	抗洪抢险工作总结，资料归档	4 小时	T_{14}	灾害损失汇总	
T_{15}	抗洪抢险工作结束（连接变迁）	2 天	T_{15}	灾害损失评估	
T_{16}	发布灾后重建指示	瞬时变迁	T_{16}	发布灾后重建指示	瞬时变迁
T_{17}	组建灾后重建动员联盟管理层	0.5 小时	T_{17}	组建灾后重建动员联盟管理层	0.5 小时
T_{18}	组建灾后重建动员联盟执行层	0.5 小时	T_{18}	组建灾后重建动员联盟执行层	
T_{19}	灾害损失统计	7 天	T_{19}	形成灾后重建动员任务集合	7 天
T_{20}	灾害损失评估	3 天	T_{20}	确定灾后重建动员任务优先级	瞬时变迁

续表

优化前			优化后		
变迁	含义	变迁执行时间	变迁	含义	变迁执行时间
T_{21}	形成灾后重建动员任务集合	11 天	T_{21}	下达灾后重建动员任务	4 小时
T_{22}	确定灾后重建动员任务优先级	瞬时变迁	T_{22}	各单位接受灾后重建动员任务	瞬时变迁
T_{23}	下达灾后重建动员任务	4 小时	T_{23}	各单位执行灾后重建动员任务	465 天
T_{24}	各单位接受灾后重建动员任务	瞬时变迁	T_{24}	灾后重建工作总结，资料归档，重建工作结束	30 天
T_{25}	各单位执行灾后重建动员任务	465 天			
T_{26}	灾后重建工作总结，资料归档	30 天			
T_{27}	灾后重建工作结束	瞬时变迁			

5.3.3　"7·21"灾害事件 Perti 网模型工作流程的性能分析

5.3.3.1　各标识的稳定状态概率分析

要计算各标识的稳定状态概率，需要先构建与随机 Petri 网模型同构的马尔可夫链。"7·21"灾害事件的动员流程分为抗洪抢险和灾后重建两个流程。由于灾后重建流程持续时间较长，相对于抗洪抢险而言任务不是很紧迫，对各类资源调度的时间约束也较弱，为此，这里仅分析抗洪抢险流程中各标识的稳态概率。为便于分析，重绘优化后的抗洪抢险阶段动员流程的 Perti 网模型增加辅助变迁 T_{13}（见图 5-7），其中各个库所和变迁的含义如表 5-5 所示。

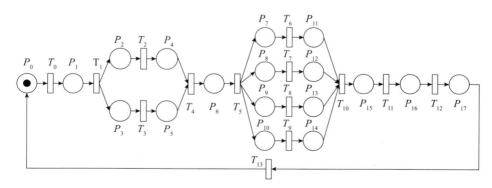

图 5-7　优化后的抗洪抢险阶段的 Perti 网模型

表 5-5　优化后的抗洪抢险阶段的 Perti 网模型各变量含义

库所	含义	变迁	含义
P_0	各县相继发生灾情	T_0	各县相继获得灾情信息并同步上报上级指挥部门
P_1	各县灾情信息	T_1	省防总核实并分析灾情
P_2	灾情信息核实，进入上报省委省政府状态	T_2	上报省委省政府并进行请示
P_3	灾情信息核实，进入上报国家防总状态	T_3	上报国家防总并请求援助
P_4	省委省政府获得灾情信息	T_4	发布抗洪抢险指示
P_5	国家防总获得灾情信息	T_5	启动河北省防汛抗旱应急预案
P_6	抗洪抢险指示	T_6	组建抗洪抢险动员联盟管理层
P_7	进入抗洪抢险动员联盟管理层组建状态	T_7	组建抗洪抢险动员联盟执行层
P_8	进入抗洪抢险动员联盟执行层组建状态	T_8	分解抗洪抢险动员任务，形成抗洪抢险动员任务集合
P_9	进入抗洪抢险动员任务集合确定状态	T_9	确定抗洪抢险动员任务优先级
P_{10}	进入抗洪抢险动员任务优先级确定状态	T_{10}	下达抗洪抢险动员任务
P_{11}	抗洪抢险动员联盟管理层组建完毕	T_{11}	执行抗洪抢险动员任务
P_{12}	抗洪抢险动员联盟执行层组建完毕	T_{12}	抗洪抢险工作总结，资料归档，抢险工作结束
P_{13}	抗洪抢险动员任务集合确定	T_{13}	辅助变迁
P_{14}	抗洪抢险动员任务优先级确定		
P_{15}	抗洪抢险动员任务下达		
P_{16}	各单位完成抗洪抢险动员任务		
P_{17}	各单位抗洪抢险工作资料归档，抗洪抢险工作结束，灾后重建开始		

图 5-8 为优化后的抗洪抢险阶段动员流程 Perti 网模型的可达标识图，与其同构的马尔可夫链如图 5-9 所示。这里，设时间变迁 T_0，T_1，$\cdots$，T_{12} 对应的执行速率分别为 λ_0，λ_1，$\cdots$，λ_{12}，辅助变迁 T_{13} 的执行速率为 λ_{13}。

根据抗洪抢险阶段动员流程的 Perti 网模型的可达标识图以及同构的马尔可夫链，可以构造该 Petri 网模型的转移速率矩阵 Q，并结合式（4-1）至式（4-3），即可得到每个可达标识的稳定概率 $\Pi(M_i) = \pi_i (0 \leqslant i \leqslant 25)$。

设定变迁 T_0，T_1，$\cdots$，T_{12} 的平均发生时间（变迁的发生时间是一个随机变量，为此，该时间的确定应该通过采集数次类似应急救援事件相关活动的执行时

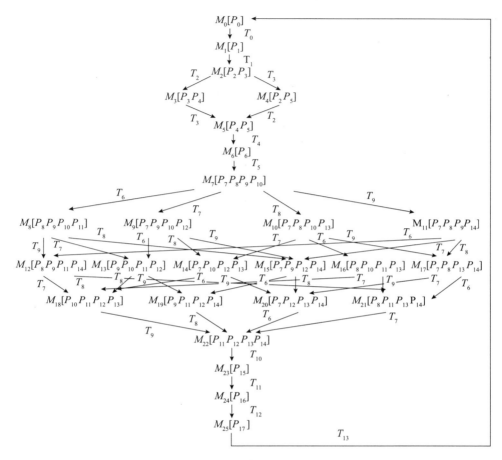

图 5-8　优化后的抗洪抢险阶段动员流程 Perti 网模型的可达标识图

间进行概率计算，通过正态分布拟合求得平均发生时间。因为本书是针对河北省"7·21"灾害事件救援流程进行分析的，故而采用本次救援事件发生过程中采集的时间代替平均发生时间），如表 5-6 所示，则可以计算出各个变迁的发生速率 λ_0，λ_1，…，λ_{13} 如表 5-7 所示。则根据马尔可夫过程有式（5-1）所示的线性方程组：

$$\begin{cases} \prod Q = 0 \\ \sum_{i=0}^{25} \pi_i = 1 \end{cases} \qquad (5-1)$$

式（5-1）中的转移速率矩阵可由式（4-1）及式（4-2）、图 5-9 和表 5-7 得到，则解由式（5-1）构成的方程组可得各状态的稳态概率如表 5-8 所示。

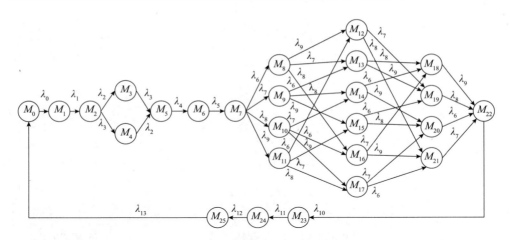

图 5-9　同构的马尔可夫链

表 5-6　变迁的平均发生时延

变迁	时间单位	变迁	时间单位	变迁	时间单位	变迁	时间单位
T_0	4	T_4	0.00001	T_8	1	T_{12}	8
T_1	2	T_5	13	T_9	1	T_{13}	0.00001
T_2	1	T_6	1	T_{10}	1		
T_3	1	T_7	1	T_{11}	288		

表 5-7　变迁的平均发生速率

变迁	发生速率	变迁	发生速率	变迁	发生速率	变迁	发生速率
λ_0	0.25	λ_4	100000	λ_8	1	λ_{12}	0.125
λ_1	0.5	λ_5	1/13	λ_9	1	λ_{13}	100000
λ_2	1	λ_6	1	λ_{10}	1		
λ_3	1	λ_7	1	λ_{11}	0.00347		

表 5-8　马尔可夫链各状态的稳态概率

状态	稳态概率	状态	稳态概率	状态	稳态概率	状态	稳态概率
π_0	0.06678	π_7	0.00417	π_{14}	0.00139	π_{21}	0.00417
π_1	0.03339	π_8	0.00139	π_{15}	0.00139	π_{22}	0.01669
π_2	0.00835	π_9	0.00139	π_{16}	0.00139	π_{23}	0.48109

续表

状态	稳态概率	状态	稳态概率	状态	稳态概率	状态	稳态概率
π_3	0.00835	π_{10}	0.00139	π_{17}	0.00139	π_{24}	0.13355
π_4	0.00835	π_{11}	0.00139	π_{18}	0.00417	π_{25}	0.00000
π_5	0.00000	π_{12}	0.00139	π_{19}	0.00415		
π_6	0.20868	π_{13}	0.00139	π_{20}	0.00417		

5.3.3.2 各库所的繁忙率以及各变迁的利用率分析

根据上述求得的各个状态（可达标识）的稳态概率，可以进一步分析系统的性能指标，特别是可以用以分析民用工业敏捷动员流程中各个库所的繁忙状态以及各个变迁的利用效率，从而为进一步优化系统提供理论基础。

设 P_i 表示库所 P_i 的繁忙率，库所 P_i 的繁忙率可以用库所 P_i 中有资源存在的各个可达标识状态（与图 5-9 中马尔可夫链的各个状态对应）的稳态概率之和进行计算，结果如表 5-9 所示。

表 5-9　各个库所的繁忙概率

库所	繁忙概率	库所	繁忙概率	库所	繁忙概率	库所	繁忙概率
P_0	0.06678	P_5	0.00835	P_{10}	0.01669	P_{15}	0.48109
P_1	0.03339	P_6	0.20868	P_{11}	0.03478	P_{16}	0.13355
P_2	0.01669	P_7	0.01669	P_{12}	0.03478	P_{17}	0.00000
P_3	0.01669	P_8	0.01669	P_{13}	0.03478		
P_4	0.00835	P_9	0.01669	P_{14}	0.03478		

关于变迁的利用效率，这里将其定义为使变迁可以实施的所有标识的稳态概率之和，据此可以计算出各个变迁的利用效率如表 5-10 所示。通过计算变迁的利用率可以发现那些在整个民用工业敏捷动员过程中相对重要的动员环节，为提高这些动员环节的利用效率提供依据。

表 5-10　各个变迁的利用效率

变迁	利用效率	变迁	利用效率	变迁	利用效率	变迁	利用效率
T_0	0.06678	T_4	0.01669	T_8	0.01669	T_{12}	0.13355

变迁	利用效率	变迁	利用效率	变迁	利用效率	变迁	利用效率
T_1	0.03339	T_5	0.20868	T_9	0.01669	T_{13}	0.00000
T_2	0.01669	T_6	0.01669	T_{10}	0.13912		
T_3	0.01669	T_7	0.01669	T_{11}	0.48109		

通过分析库所的繁忙概率可以看出，库所 P_{15}、P_6 和 P_{16} 的繁忙概率较大，根据表 5-5 可知，P_{15} 代表抗洪抢险动员任务的下达，P_6 代表抗洪抢险指示，P_{16} 代表各单位完成抗洪抢险动员任务，表明抗洪抢险动员任务信息、抗洪抢险指示信息以及各单位完成抗洪抢险动员任务的信息对于流程的执行至关重要，在实际的抗洪抢险过程中，应重点关注这些业务单元。从变迁利用效率的分析结果可以看出，T_{11}、T_5、T_{10} 和 T_{12} 变迁利用效率最大，说明这些环节对抗洪抢险动员流程执行效率有较大影响。进一步分析可以看出，这里 T_{11} 代表执行抗洪抢险动员任务，T_5 代表启动河北省防汛抗旱应急预案，T_{10} 代表下达抗洪抢险动员任务，T_{12} 代表抗洪抢险工作总结、资料归档、抢险工作结束等环节，可见在对"7·21"灾害事件进行抗洪抢险动员过程中，及时启动相关动员预案，科学下达抗洪抢险动员任务，根据事件的特点执行抗洪抢险动员任务，并对抗洪抢险工作进行总结，完成相关资料归档，对动员任务效率的提升具有重要意义。

5.4　其他问题分析

从本次救援过程中，还可以发现以下问题：

（1）预警系统未能及时和准确预测灾害发生的时间和后果，大大降低了对灾情的预防效果。本次灾情发生前，虽然河北省气象台于 2012 年 7 月 21 日 7 时起至 21 日 16 时 46 分，连续 4 次发布雷电、暴雨预警信号，预计 21 日夜间到 22 日白天，河北省大部地区有中到大雨，特别是张家口东部、保定和石家庄北部、承德、唐山、秦皇岛、廊坊有暴雨（40~90 毫米），局部有大暴雨（100~180 毫米），局地伴有短时强降水、雷电等强对流天气，并启动重大气象灾害（暴雨）Ⅳ级应急响应。中国气象台也于 2012 年 7 月 21 日 18 时发布暴雨黄色预警，预计 21 日 20 时至 22 日 20 时，河北东北部、北京东北部等局部地区有大暴雨

（100～160 毫米），并将有短时雷暴大风等强对流天气①。但是预警信息也仅限于此，没有进一步预测强降雨天气会对哪些地区造成什么程度的危害。一方面，这些预警信息太抽象，对于广大灾区群众而言，只起到当晚会下大雨或者暴雨的作用，但是暴雨究竟会下到什么程度，群众心里没有数，这就导致成灾地区，特别是洪水重灾区未能更好地利用预警信息对灾情进行必要的预防，很多灾民甚至在夜间睡梦中才发现所住房屋已经被大雨淹到，但此时再想进行进一步的防范甚至撤离已经变得十分困难；另一方面，对于专业防汛抗洪抢险人员而言，笼统的预警信息也未能促使更及时的防汛抗洪抢险对策的形成，多数决策都是在 7 月 21 日晚间作出的，错过了更为有利的灾害预防时机。

（2）灾后重建与抗洪抢险流程衔接不紧密。从本案例可以看出，灾后重建工作是在抗洪抢险工作基本结束两天后才开始实施的，实际上，由于灾后重建和抗洪抢险服从不同的部门指挥，如果灾后重建指挥部和抗洪抢险指挥部能够加强沟通、相互融合，在执行抗洪抢险动员任务的同时，即可着手灾后重建工作。

5.5　基于案例分析的民用工业敏捷动员体系建设建议

通过对河北省"7·21"洪涝灾害救援案例的分析和研究，发现本次救援流程不够合理，经过深入思考还发现，除了流程本身的问题之外，还发现救援基础设施不健全、救援信息系统不完善和群众动员意识弱等问题。针对这些问题，本书提出相关建议如下：

5.5.1　加强动员基础设施子系统建设

基础设施是民用工业敏捷动员体系的重要支撑和保障。加强各项基础设施建设，对于有效应对紧急事件，降低事件的危害程度具有重要作用。从河北省"7·21"洪涝灾害事件的发生和发展来看，防洪工程体系尚不完善，防洪工程体系标准偏低，同时洪涝灾害发生导致交通、电力中断，通信系统故障，都从很大程度上加重了危害的程度和后果。

在"7·21"暴雨过程中，2012 年 7 月 21 日 19 时 20 分至 22 日凌晨 1 时 10 分，拒马河、北运河、潮白河河水普遍暴涨，由于河流上游没有建设水库或者水

---

①　河北启动暴雨Ⅳ级应急响应　连发 4 次雷雨预警［EB/OL］.（2012-07-21）［2014-01-10］. http：//www. fjsen. com/h/2012-07-21/content_8873751. htm.

库容量偏低，未能对急来的雨水进行储存，导致拒马河最大洪峰达 2580 立方米/秒，防洪工程体系标准偏低，防洪工程体系不健全是本次洪水灾害发生的直接原因。

在灾害发生时，多地通信系统发生故障，导致信息传递不及时，对灾情的掌握不充分、不及时，不能进行有效的决策和指挥，再加上道路阻断，桥梁坍塌，涵洞塌陷，直接影响了救援活动的进一步实施和开展；此外，电力中断，不仅给当地受灾居民的生活带来了不便，同时也很大程度上增加了救援的难度，延长了救援的时间。

因此，建议加强各类基础设施，特别是能够预防灾害、减轻灾害的基础设施的建设，比如水库、防空设施、建筑物等，加强体系的承灾、防灾、减灾能力。同时要提高易发生灾害地区基础设施的建设标准，确保灾害发生时，道路、交通、电力、通信、供热、供水等设施基本完好，为顺利实施救援提供必要的保障。

5.5.2　加强动员信息子系统建设

（1）提升警情预报识别网络的预警能力。前已提及，在民用工业敏捷动员体系中，警情预报识别网络用于对各类传统和非传统的危害国家安全和公共安全的紧急事件进行预报或识别，对其危害程度进行分析和判断，并将结果上报给本级动员决策领导机构，作为是否实施动员的依据。当前，该网络体系已经遍及全国各地，涉及多个领域。但是从功能上看，该网络主要停留在对灾害的预报上，对灾害可能发生的时间、地点、发生的程度、造成的危害、危害产生的紧急需求等，缺乏深入分析，从而降低了该网络的预警能力，不利于民用工业敏捷动员体系敏捷性的提升。

因此，本书建议，平时要加强警情预报及识别网络的建设，提升警情预报及识别网络的功能，使其在民用工业敏捷动员过程中，发挥更大的作用。

（2）提高动员网络信息平台信息同步传递的能力。通常来讲，动员网络信息平台需要根据动员体系的整体要求，对体系的各类构成主体提供必要的服务支持。一方面，要求该平台可以对体系内各个模块的信息进行整合，以便为动员体系的决策者提供全方面、足够的信息，为更好的决策和指挥奠定基础；另一方面，要求动员信息网络平台能够实现动员信息子系统各个模块之间的有效连接，在纵向上，实现国家、总部、战区、省、市、县之间动员信息的双向同步传递；在横向上，实现各个区域和各部门之间动员信息的双向同步传递；在区域内部，实现区域动员信息处理中心与区域内相关部门相联结，这样，在动员过程中，各类动员信息可以按要求实现同步传递，不仅可以有助于正确做出动员决策，同时还可以较大程度地提高动员决策的效率。

因此，本书建议，平时要健全动员网络信息平台建设，一方面要扩大平台能够容纳的信息总量；另一方面还要增加平台可以同步传送的信息种类和数量，确保各类动员信息能够借助平台，在民用工业敏捷动员体系内部进行必要的同步传输，提高信息传递效率，增强民用工业敏捷动员体系的敏捷性。

5.5.3　加强动员流程优化

从本章对河北省"7·21"洪涝灾害救援流程的分析中可以看出，实际的动员流程中存在一些问题，比如，动员各个环节衔接不紧凑，顺序执行的活动较多，导致动员的敏捷性和动员的效率有所降低。

因此，平时应针对不同类型的紧急事件，加强对动员流程的分类研究和设计，加强各个环节之间的衔接，缩短各项活动之间的等待时间。另外，从前面的研究发现，并行结构能够在很大程度上减少流程的运行时间，提高系统的运行效率，为此适当增加流程中的并行结构对提升体系的敏捷性具有积极的作用。

5.5.4　加强动员意识教育

本章虽未对动员意识展开深入讨论，但是从河北省"7·21"洪涝灾害整个事件的发生和发展来看，群众的动员意识薄弱是导致"7·21"洪涝灾害损失较大的一个不可忽视的原因。在保定涞水、涞源等洪涝重灾区，7 月 21 日下午，当地有关部门就开始组织当地群众进行撤离，但是由于群众缺乏对气象预报的正确理解，不少人低估了本次暴雨将会造成的危害程度，认为降雨不会对自身的生命和财产造成损失，因此错过了 21 日下午的撤离，导致在 21 日夜间陷入洪水的围困，生命和财产安全面临巨大威胁。

因此，本书建议，在平时，要加强居民的动员意识教育，提高广大人民群众的安全意识和防灾减灾意识，同时，适当应用网络动员[①]和舆论动员，借助舆论的功能[②]以及舆论的共意凝聚[③]进行社会动员，这样可以从另一个角度促进民用工业敏捷动员体系动员效果和动员效率的提升。

①　姚子健. 社会化媒体的网络动员特点研究 [J]. 今传媒, 2014 (11): 47-48.
②　朱从兵. 关于抗战时期舆论动员研究的思考 [J]. 史学月刊, 2015 (10): 5-8.
③　陈坚伟. 国防舆论动员中的共意凝聚 [J]. 新闻研究导刊, 2015, 6 (20): 37.

5.6　本章小结

本章从流程的角度，对河北省"7·21"洪涝灾害进行了案例分析和研究，阐述了案例背景，分析了案例发生、发展、抗洪抢险和灾后重建的整个过程，探讨了抗洪抢险和灾后重建流程，构建了抗洪抢险和灾后重建流程的 Petri 网模型，通过对该模型的分析，发现在实际抗洪抢险和灾后重建过程中存在的诸多问题，并提出了相应的改进建议。

第一，在抗洪抢险和灾后重建的整个流程中，所有活动都是顺序执行的，不利于提高流程执行效率；第二，各县获得和上报灾情信息不同步，错过了第一救援时间；第三，在灾情信息上报过程中，顺序执行两项信息上报活动延长了流程的执行时间；第四，灾后重建流程也不尽合理，延长了灾后重建动员准备时间。为此，本章提出以下建议：①实现各地灾情信息同步上报；②并行执行省防指向省委省政府和国家防总上报灾情的两项活动；③并行执行动员联盟管理层的组建、动员联盟执行层的组建、救援任务分解以及抗洪抢险动员任务优先级的确定这四项活动；④紧密衔接灾后恢复重建工作和抗洪抢险工作；⑤在抗洪抢险的同时做好灾情统计和灾害损失评估工作，以提高抗洪抢险和灾后重建的效率。

根据所发现的问题及提出的建议，本章对河北省"7·21"抗洪抢险和灾后重建流程进行了优化，并以优化的流程为依据，构建了优化的河北省"7·21"抗洪抢险和灾后重建流程的 Petri 网模型，发现优化后的模型不仅结构正确、运行合理，同时还能在较大程度上为抗洪抢险赢得宝贵的救援时间，并能在极大程度上缩短灾后重建准备阶段工作的时间。

根据优化的模型，本章对河北省"7·21"抗洪抢险阶段的 Perti 网模型进行了性能分析，通过计算和分析库所的繁忙率，发现抗洪抢险动员任务信息、抗洪抢险指示信息以及各单位完成抗洪抢险动员任务的信息对于流程的执行至关重要，在实际的抗洪抢险过程中应重点关注这些业务单元。通过变迁利用效率的分析和计算，发现及时启动相关动员预案，科学下达抗洪抢险动员任务，根据事件的特点执行抗洪抢险动员任务，抗洪抢险工作进行总结、完成相关资料归档等活动对完成本次救援动员任务，提升救援动员效率具有重要意义。

本章最后还对影响本次抗洪抢险和灾后重建的其他问题进行了分析，发现预警系统未能及时和准确预测灾害发生的时间和后果，大大降低了对灾情的预防效果，灾后重建与抗洪抢险流程衔接不紧密，延迟了灾后重建工作的启动时间。基于对案例的深入分析，本章提出了建设民用工业敏捷动员体系的建议：一是要加强动员基础设施建设；二是要加强动员信息系统建设；三是要不断优化动员流程；四是要加强群众动员意识教育。

第6章 结论与展望

6.1 研究结论与成果

本书对流程视角下的民用工业敏捷动员体系建设进行了研究，研究结论和成果主要如下：

第一，民用工业敏捷动员体系是国家或地区为了满足应对紧急状态的需要，由政府建立并进行决策管理、以民用工业为动员客体、以现代信息技术为依托、由与民用工业敏捷动员活动相关的各要素按照一定的结构和运行规则组成的有机整体，该体系具有敏捷性、动员响应快速性、动员任务适应性、动员强度适量性、动员成本最小化和动员结果可靠满意等特征；以快速实现平战转换、满足多样化动员需求、适应不同强度动员需求以及降低对经济系统扰动的民用工业敏捷动员体系建设为目标；动员需求、动员对象、国家安全战略、制度环境以及技术水平等因素是影响民用工业敏捷动员体系建设的主要影响因子。

第二，民用工业敏捷动员体系包括以政府为动员主体的决策领导分系统以及管理协调分系统；以民用工业为动员客体的动员执行分系统；以动员计划、法律法规、现代信息技术、动员储备、研发维护、基础设施为构成要素的支持保障分系统。各个分系统又由众多要素构成，这些构成要素又由下一层次的要素构成。同时，构成民用工业敏捷动员体系的动员决策领导、管理协调、动员执行和支持保障四个分系统之间的关系十分复杂。不仅各个分系统之间具有一定的纵横向关系，而且同一分系统内部各要素之间也具有一定的纵横向关系。

第三，关于民用工业敏捷动员体系的运行机理，提出了民用工业敏捷动员体系运行的层次驱动模型、动员准备阶段体系的"三级协同共目标"运行机理、动员实施阶段和复员阶段体系的"三层五环节一目标"动员运行机理。

第四，本书认为民用工业敏捷动员准备阶段的动员流程由民用工业敏捷动员机构建设子流程、民用工业敏捷动员支持保障系统建设子流程、民用工业体系建设子流程、民用工业敏捷动员潜力调查子流程、民用工业敏捷动员演练子流程等并行构成；民用工业敏捷动员实施流程包括动员转换子流程和动员执行子流程，其中，动员转换子流程包括警情识别与上报、分析动员需求和下达动员指令，动员实施子流程包括搜索动员预案、核实动员潜力、组建动员联盟、分解分配动员任务执行动员任务；民用工业敏捷动员复员流程是民用工业敏捷动员实施的逆过程，其核心内容是解体动员联盟。

第五，构建了民用工业敏捷动员实施流程的 Petri 网模型，并对模型的正确性、时间性进行了分析，借助于对模型稳定状态概率的分析进一步分析了库所的繁忙率和变迁的利用率，为进一步发现重要库所和变迁，提高动员效率和效果提供了思路。

第六，本书从流程的角度，对河北省"7·21"洪涝灾害案例进行了分析和研究，发现了问题并提出了改进建议。首先，本书分析了案例的实际流程，构建了基于本次抗洪抢险和灾后重建流程的 Petri 网模型，通过对该模型的分析，发现在实际救援和灾后重建过程中存在的诸多问题并提出了相关建议。其次，根据所发现的问题及提出的建议，本书对河北省"7·21"抗洪抢险和灾后重建流程进行了优化，通过分析发现，抗洪抢险动员任务信息、抗洪抢险指示信息以及各单位完成抗洪抢险动员任务的信息对于流程的执行至关重要；同时还发现，及时启动相关动员预案，科学下达抗洪抢险动员任务，根据事件的特点执行抗洪抢险动员任务，并对抗洪抢险工作进行总结、完成相关资料归档等活动对完成本次救援动员任务，提升救援动员效率具有重要意义。本书最后还对影响抗洪抢险和灾后重建的其他问题进行了分析并提出了相关建议。

6.2　主要创新点

本书的创新之处主要如下：

第一，界定了民用工业敏捷动员、民用工业敏捷动员体系和民用工业敏捷动员体系敏捷性等概念，认为敏捷性是民用工业敏捷动员体系的基本特征，动员响应的快速性、动员任务的适应性、动员强度的适量性、动员成本的最小化和动员结果的可靠满意等是民用工业敏捷动员体系的重要特征；快速实现平战转换、满足多样化动员需求、适应不同强度动员需求以及降低对经济系统的扰动是民用工业敏捷动员体系的建设目标；动员需求、动员对象、安全战略、制度环境以及技术水平等是影响民用工业敏捷动员体系建设的主要因子。

第二，提出了民用工业敏捷动员体系的构成要素以及要素的组织方式，构建了民用工业敏捷动员体系的结构模型以及民用工业敏捷动员体系运行的层次驱动模型，提出了动员准备阶段体系的"三级协同共目标"运行机理、动员实施阶段体系的"三层五环节一目标"运行机理、复员阶段的"三层五环节一目标"运行机理。

第三，提出了动员准备、动员实施和动员复员三个阶段民用工业敏捷动员体系的动员流程，以动员实施流程为重点构建了民用工业敏捷动员体系动员实施流程的 Petri 网模型。

第四，借助民用工业敏捷动员体系动员实施流程的 Petri 网模型，分析了河北省"7·21"洪涝灾害救援流程和灾后重建流程，发现实际救援和灾后重建过程中存在诸如所有动员活动都是顺序执行的、各县获得和上报灾情信息不同步、灾后重建流程不尽合理等问题，并提出实现各地对灾情信息同步上报；并行执行省防指向省委省政府和国家防总上报灾情的两项活动；并行执行组建动员联盟管理层、动员联盟执行层、分解救援任务以及确定抗洪抢险动员任务优先级这四项活动；紧密衔接灾后恢复重建工作和抗洪抢险工作；在抗洪抢险的同时做好灾情统计和灾害损失评估工作等的建议，以提高抗洪抢险和灾后重建的效率。

第五，对河北省"7·21"抗洪抢险和灾后重建流程的 Petri 网模型进行了优化和性能分析，通过库所的繁忙率计算和分析，发现抗洪抢险动员任务信息、抗洪抢险指示信息以及各单位完成抗洪抢险动员任务的信息对于流程的执行至关重要，在实际的抗洪抢险过程中应重点关注这些业务单元。通过变迁利用效率的分析和计算，发现及时启动相关动员预案，科学下达抗洪抢险动员任务，根据事件的特点执行抗洪抢险动员任务，并对抗洪抢险工作进行总结、完成相关资料归档等活动对完成本次救援动员任务，提升救援动员效率具有重要现实意义。

6.3　局限性及改进方向

本书虽然在民用工业敏捷动员体系建设研究过程中做了大量工作，并取得了预期的创新成果，然而，本书还存在一定的局限性，期待未来改进。

第一，本书在构建民用工业敏捷动员体系的 Petri 模型时，为了简化问题以及讨论的方便，假定资源充足，没有考虑资源（如人力资源、信息资源等）的影响，在实际工作中，由于人力资源的不足、信息资源的缺乏，不仅会对动员流程的执行产生一定的影响，同时也会影响民用工业敏捷动员体系敏捷性的提升。

第二，本书在构建民用工业敏捷动员体系动员流程的 Petri 模型时，为了讨论问题的方便，下达动员任务、接受动员任务和执行动员任务等变迁实际上分别相当于一个子网变迁，书中没有深入展开。

第三，在进行实证研究时，除了上述的子网变迁没有展开之外，在不影响研究结果的前提下，对各地相继获得的灾情信息也作为一个整体进行考虑，没有考虑不同地区灾情信息的不同步现象。

针对本书研究的局限性，笔者认为可以从以下几个方面进行改进：

第一，进一步研究资源限制对民用工业敏捷动员体系动员流程的影响，特别是在针对动员流程建模时，可以考虑资源的约束对动员流程以及流程建模会产生哪些影响，以及在此影响作用下，应该如何提升民用工业敏捷动员体系的敏捷性。

第二，将下达动员任务、接受动员任务和执行动员任务等子网变迁展开，细化民用工业敏捷动员体系动员流程的 Petri 模型，以期发现更深层次的不利于民用工业敏捷动员体系敏捷性提升的因素和问题，并给出改进建议。

第三，在构建民用工业敏捷动员体系动员流程的 Petri 模型时或进行实证研究时，可以考虑借助于颜色 Petri 网、谓词或变迁系统等高级 Petri 模型，对模型进行进一步的细化，比如在本书的实证分析中，可以借助于颜色 Petri 网，对各地相继获得的灾情信息进行描述，从而使模型的模拟性更为形象和逼真。

参考文献

［1］Arjan J van Weele. 采购与供应链管理［M］. 北京：清华大学出版社，2002.

［2］Azevedo A L. Cooperative Planning in Dynamic Supply Chains［J］. International Journal of Computer Integrated Manufacturing，2005，18（5）：350-356.

［3］Booth R. Agile Manufacturing［J］. Engineering Management Journal，1996（4）：105-112.

［4］Christine Harland. Risk in Supply Networks［J］. Journal of Purchasing and Supply Management，2003，9（2）：51-62.

［5］Crocitto M，Youssef M. The Human Side of Organizational Agility［J］. Industrial Management Data Systems，2003，103（6）：388-397.

［6］Devor R，Graves R，Mills J J. Agile Manufacturing Research：Accomplishments and Opportunities［J］. IIE Transactions，1997，29（10）：813-823.

［7］Dove R. Response Ability：The Language，Structure，and Culture of the Agile Enterprise［M］. New York：Wiley，2001.

［8］Dove R. The Meaning of Life & the Meaning of Agile［J］. Production，1994，106（11）：14-15.

［9］Goldman S L，Nagel R N，Preiss K. Agile Competitors and Virtual Organizations：Strategies for Enriching the Customer［M］. New York：Van Nostrand Reinhold，1995.

［10］Gunasekaran A. Agile Manufacturing：A Framework for Research and Development［J］. International Journal of Production Economics，1999（62）：87-105.

［11］Gunasekaran A，Yusuf Y Y. Agile Manufacturing：Taxonomy of Strategic and Technological Imperatives［J］. International Journal of Production Research，2002，40（6）：1357-1385.

［12］Iacocca Institute. 21st Century Manufacturing Enterprise Strategy，an Industry-led View［M］. Bethlehem：Lehigh University Press，1991.

［13］Keah Choon Tan. A Framework of Supply Chain Management Literature［J］.

European Journal of Purchasing & SupplyManagement, 2001, 7 (1): 39-48.

［14］Kehoe D, Boughton N. A Classification of Approaches to Manufacturing Planning and Control ［J］. International Journal of Operations and Production Management, 2001, 21 (4): 516-524.

［15］Kusiak A, He D W. Design for Agility: A Scheduling Perspective ［J］. Robotics and Computer-integrated Manufacturing, 1998 (14): 415-427.

［16］Mandelbaum M. Flexibility in Decision Making, an Exploration and Unification ［D］. Department of Industrial Engineering, University of Toronto, Canada, 1978.

［17］Martin Christopher. The Agile Supply Chain: Competing in Volatile Markets ［J］. Industrial Marketing Management, 2000, 29 (1): 37-44.

［18］Sanchez L M, Nagi R. A Review of Agile Manufacturing Systems ［J］. International Journal of Production Research, 2001 (16): 3561-3600.

［19］Sharifi H, Zhang Z. A Methodology for Achieving Agility in Manufacturing Organisations: An Introduction ［J］. International Journal of Production Economics, 1999 (62): 7-22.

［20］Tom Wagner. TEMS agents: Enabling Dynamic Distributed Supply Chain Management ［J］. Electronic Commerce Research and Applications, 2003, 2 (2): 114-132.

［21］Wing Yan Hung. Object-oriented Dynamic Supply-chain Modelling Incorporated with Production Scheduling ［J］. European Journal of Operational Research, 2006, 169 (3): 1064-1076.

［22］Yusuf Y, Sarhadi M, Gunasekaran A. Agile Manufacturing: The Drivers, Concepts and Attributes ［J］. International Journal of Production Economics, 1999 (62): 33-43.

［23］Paul R. Kleindorfer. Managing Risk in Global Supply Chains ［EB /OL］. www. cranfield. ac. uk /sum /losm. Working Paper, Feburary 23, 2003.

［24］百度百科. 供应链 ［EB/OL］. ［2014-05-15］. http: //baike. baidu. com/link? url=rpofw8cBjj0ouceAfcu2PA392q_4poSIPVSfgeb8FJGR3kuwlJ5 YEbmPp-ko8LZdA#refIndex_4_3235.

［25］鲍斌, 王桂芳. 提高应对非传统安全威胁能力——全军非传统安全理论研讨会述要 ［EB/OL］. (2006-11-16) ［2012-04-02］. http: //military. people. com. cn/GB/1078/5051910. html.

［26］互动百科. 基础设施 ［EB/OL］. ［2012-12-24］. http: //www. baike. com/

wiki/%E5%9F%BA%E7%A1%80%E8%AE%BE%E6%96%BD.

[27] 马丽娟. 供应链敏捷性评价 [J]. 中国管理信息化, 2009, 12 (23): 81-83.

[28] 彭光谦, 郑艳平. 解读现代战争六大特点 [EB/OL]. (2003-03-21) [2012-04-02]. http://www.eastday.com/epublish/gb/paper3/20030321/class 000300010/hwz2714.htm.

[29] 文育富. 再谈伊拉克战争动员的特点 [EB/OL]. (2007-08-10) [2012-04-01]. http://arm.cpst.net.cn/gfjy/2007_08/186722041.html.

[30] 查敦林, 王宁生. 供应链管理的敏捷性研究 [J]. 工业工程, 2004, 7 (1): 10-13.

后　记

本书在成书过程中，得到过有关单位、领导、老师、同事、朋友和亲人的关心、指导和帮助，在此一并致以最诚挚的谢意！

感谢恩师孔昭君教授！孔老师渊博的知识、严谨的治学态度、务实创新的科研作风、一丝不苟的工作态度时刻影响着我、鼓励着我、鞭策着我，成为我学习的榜样和楷模。在本书的写作过程中，孔老师更是给予我悉心的指导，特别是在我遇到困难、失去信心时，更是给予我关心和鼓励，使我重拾自信，战胜困难，所以在此发自内心地说一声，孔老师，您辛苦了，谢谢您！

感谢北京理工大学的韩伯棠教授、李金林教授、吴祈宗教授、张强教授、朱东华教授、崔利荣教授、何海燕教授、那日苏教授、柳君丽教授等，感谢你们在周末时间到河北科技大学进行讲座，为我撰写本书奠定了坚实的基础！

感谢在书稿撰写过程中给予我帮助和指导的张纪海老师、赵先老师和刘铁中老师以及北京理工大学管理与经济学院和国民经济动员中心其他直接或间接帮助过我的师长们，你们的点拨和指导使我受益匪浅！

感谢北京理工大学国民经济动员中心的所有师兄、师弟、师姐和师妹们，特别是王成敏、熊康昊、刘勇生、李紫瑶、何骁威、韩国栋、韩秋露、陈正杨、向丽君、肖甜等，以及同届同学惠红旗和唐雯，同学们的鼓励和帮助是我走出困境，不断前进的动力，你们的友谊是我人生的巨大财富。

感谢北京理工大学给我提供学习机会，使我在人生的不惑之年有了新的选择，获得了新的收获！感谢所有为我的学习、生活提供帮助，默默奉献的北京理工大学的老师们！

感谢河北科技大学的领导、经济管理学院的领导和我的同事们，特别是市场营销专业的各位同事以及科研团队的各位老师，您们的理解和在工作上的支持、帮助和体谅，使我能够安心写作书稿，不断进步。在此谢谢你们！

感谢河北省国民经济动员办公室以及河北省"7·21"洪水灾后重建指挥部有关领导的支持，感谢你们在百忙之中为我书稿的写作提供资料和帮助！

感谢我的朋友们，感谢我的兄弟姐妹们，你们不时的关心和问候时时温暖着我，鼓励着我，感谢生命中有你们相伴！

感谢我年迈的母亲！感谢我的爱人高智！感谢我懂事的女儿高舒扬！你们对我的关心、爱护、支持和理解是我安心于书稿写作和工作的最强大后盾！

感谢经济管理出版社的有关领导和编辑们，特别感谢杨雪编辑，为书稿的出版付出的辛苦指导和热心帮助！

最后感谢所有在百忙之中为书稿进行指点的各位专家，谢谢你们！

孔慧珍